# O Livro
## das
# Sombras

# O LIVRO DAS SOMBRAS

## MIGENE
### GONZÁLEZ-WIPPLER

*Tradução*
EUDES LUCANI

**EDITORA PENSAMENTO**
São Paulo

O primeiro número à esquerda indica a edição, ou reedição, desta obra. A primeira dezena à direita indica o ano em que esta edição, ou reedição foi publicada.

| Edição | Ano |
|---|---|
| 2-3-4-5-6-7-8-9-10-11-12 | 07-08-09-10-11-12-13 |

Direitos de tradução para a língua portuguesa
adquiridos com exclusividade pela
EDITORA PENSAMENTO-CULTRIX LTDA.
Rua Dr. Mário Vicente, 368 – 04270-000 – São Paulo, SP
Fone: 6166-9000 – Fax: 6166-9008
E-mail: pensamento@cultrix.com.br
http://www.pensamento-cultrix.com.br
que se reserva a propriedade literária desta tradução.

**Podes fazer o que quiseres,
desde que não prejudiques ninguém.**

*— Lei de Wicca*

# DEDICATÓRIA

Este livro é dedicado a Gerald Gardner, a Doreen Valiente, a Alex Sanders, a Herman Slater, a Scott Cunningham e a Sybil Leek — todos no reino da luz — por suas valiosas contribuições ao estudo de Wicca, por sua visão, sabedoria, dedicação e grande amor e respeito pela humanidade e pelas forças vivas da natureza.

# Sumário

# Introdução

O *Livro das Sombras* é o nome do diário de uma bruxa, mas na realidade é mais que um diário: é um compêndio de todas as práticas, crenças, rituais e feitiços da religião conhecida como Wicca ou Bruxaria.

A palavra "bruxaria" sempre esteve associada a sortilégios, feitiços e todo tipo de magia em toda a América Latina, mas na Espanha, onde foi praticada continuamente desde a Idade Média, a Bruxaria é reconhecida pelo que é, uma religião baseada nas crenças e práticas mágico-religiosas dos antigos celtas. O grande pintor aragonês Francisco Goya y Lucientes retratou muitas práticas de Bruxaria celta nos desenhos em branco e preto que passaram a ser conhecidos como *Caprichos*. O aparelho infernal da Inquisição Espanhola, a mais sanguinária e feroz em toda a Europa, perseguiu e exterminou milhares de pessoas acusadas de praticar a Bruxaria na Espanha. O próprio Goya era suspeito de simpatizar e talvez de praticar a Bruxaria e só os seus influentes contatos com o rei Carlos IV o salvaram do garrote.

Os celtas foram tribos nômades que se espalharam por toda a Europa, chegando inclusive à Inglaterra, França, Alemanha e Espanha. A religião que praticavam fundamentava-se na adoração de deuses identificados com as forças da natureza. Os seus sacerdotes eram conhecidos como *druidas*. Os celtas se disseminaram por toda a Espanha em torno do século I a.C.

e a sua influência foi tão grande que sobreviveram à conquista dos mouros e dos visigodos.

É dos celtas que a Europa herdou a prática da religião conhecida como *Wicca*, uma palavra celta que significa sabedoria e que mais tarde passou a ser conhecida como Bruxaria. Wicca influenciou a Inglaterra tão profundamente, que é possível que seja nesse país que esta antiga religião é praticada mais abertamente nos dias atuais.

A Espanha também foi muito influenciada pela religião celta, cujas práticas foram perseguidas e condenadas pela Inquisição, começando em 1478 e terminando em 1834. Os inquisidores eram escolhidos pelo Papa e quase todos eram monges dominicanos. O mais cruel de todos os inquisidores foi um monge dominicano chamado Tomás de Torquemada, confessor e conselheiro espiritual dos reis Fernando e Isabel, os criadores da Inquisição espanhola. Esta acabou se estendendo até as Américas, especialmente ao México e ao Peru, onde tribunais locais exterminaram milhares de pessoas inocentes, acusadas de heresia e feitiçaria.

O nome papal da inquisição era "Inquisição Romana e Santo Ofício". O Santo Ofício perdurou até meados do século XX, quando o papa Paulo VI, forçado por muitas queixas recebidas, alterou o nome para Congregação para a Doutrina da Fé. A influência da Inquisição na Europa foi tão grande, que a prática da Bruxaria esteve proibida na Inglaterra até 1951, mais de um século depois que o "Santo Ofício" fechou as suas sangrentas portas.

A Bruxaria na Europa estendeu-se até a Itália, onde as bruxas são conhecidas como "streghe". Arádia, um dos nomes mais conhecidos da Deusa Branca dos bruxos, deriva da tradição de Wicca na Itália.

Em 1954, o escritor inglês Gerald Gardner publicou um livro chamado *A Bruxaria Hoje (Witchcraft Today),* onde afirmava ter sido iniciado nas práticas da "antiga religião" conhecida como Wicca ou Bruxaria por um conventículo secreto de bruxos. Embora muitos estudiosos duvidem das afirmações de Gardner, o seu livro tornou conhecidas muitas práticas e rituais da Bruxaria, possibilitando a organização de conventículos de bruxos em todo o território britânico. Um dos conventículos mais famosos baseados nos ensinamentos de Gerald Gardner foi o criado por Alex Sanders, que passou a ser conhecido como o rei dos bruxos. Muitos concílios de bruxos que existem na Inglaterra e nos Estados Unidos estão estruturados em torno dos ensinamentos de Gerald Gardner e de Alex Sanders.

As práticas e crenças de Wicca ou Bruxaria chegaram aos Estados Unidos por volta de 1960, onde logo se propagaram por todo o país. A identificação das forças da natureza com divindades sobrenaturais, as práticas benignas associadas à Bruxaria, a beleza dos seus rituais, o poder da sua magia e o seu respeito à natureza encontraram entusiasmados simpatizantes entre os americanos, que nesses anos estavam aflitos com a injustificada guerra do Vietnã e muito necessitados da espiritualidade de Wicca. Essa popularidade continuou aumentando através dos anos e atualmente existem milhares de conventículos de bruxos anunciados abertamente na Internet, em revistas e outros meios de comunicação.

No início, muitas pessoas viram Wicca como uma adoração encoberta das forças do mal, associando os bruxos com o satanismo, que também é praticado nos Estados Unidos. O fato de *Karnaína*, um dos nomes mais conhecidos do deus de Wicca, usar uma coroa de chifres de gamo ajudou a consolidar a crença errônea de que os bruxos adoravam a Satanás. Na realidade, porém, Karnaína é uma divindade das florestas e a sua coroa representa a caça. Os bruxos não adoram a Satanás, e sim as forças da natureza. Eles acreditam que a sua religião contém antigos elementos pagãos que existiam muito antes do cristianismo e do satanismo. Por isso, conhece-se Wicca como "a antiga religião", cujas práticas datam do tempo dos celtas, mais de 2.500 anos passados.

A bruxaria celta, ou Wicca, baseia-se num sistema de iniciações que são realizadas nos grupos de bruxos conhecidos como *conventículos*. Esses conventículos são dirigidos por um sumo sacerdote e uma suma sacerdotisa, que representam o deus e a deusa adorados pelos bruxos.

Esses deuses têm muitos nomes, e entre os mais conhecidos estão *Arádia* e *Karnaína*, os nomes com que serão identificados neste livro. Dessas duas figuras mitológicas, a mais importante é Arádia, conhecida como a Deusa Branca ou a Grande Deusa, e identificada com a Lua, com a natureza e com a Mãe Cósmica. Por isso, em muitos conventículos, especialmente os Gardnerianos e os Alexandrinos (baseados nos ensinamentos de Gerald Gardner e Alex Sanders), a suma sacerdotisa é muito mais influente que o sumo sacerdote e é ela que o controla, decide as suas pautas e estabelece as suas leis e requisitos. O sumo sacerdote representa Karnaína, o deus da caça e dos bosques e mangues.

Neste livro, vamos estudar a fundo as crenças e práticas de Wicca e sua grande influência, cada vez mais difundidas nas Américas. Devido à natureza eclética de Wicca, existem muitas divisões e tipos de conventículos de bruxos baseados em diversas tradições, como a saxônica, a diânica, a druídica e muitas outras. A tradição Wicca apresentada neste livro radica-se numa das mais famosas dos tempos modernos, conhecida como *tradição gardneriana*. Gerald Gardner, como expliquei anteriormente, foi o bruxo inglês que tornou conhecidas as práticas de Wicca na Inglaterra, em 1954, com o seu livro *A Bruxaria Hoje*. Foi depois da publicação desse livro que a antiga bruxaria celta voltou a ser abertamente praticada na Inglaterra e em outras partes do mundo, especialmente nos Estados Unidos. As raízes celtas de Wicca e sua prática na Espanha, notadamente na Galícia, fazem parte da herança intrínseca que a América Latina recebeu dos seus antepassados espanhóis. Assim, estão inseridas na nossa tradição mágico-religiosa e no folclore dos nossos países. É por isso que as práticas de Wicca estão se difundindo cada dia mais por toda a América Latina.

# PRIMEIRA PARTE

# Bruxaria

## (Wicca)

# O CONVENTÍCULO DOS BRUXOS

Os bruxos geralmente trabalham em grupos conhecidos como *conventículos* (covens), embora haja casos de praticantes solitários da religião que preferem observar suas práticas e crenças sem a ajuda de um grupo. Muitos conventículos formam números pares, geralmente casais. Isto é importante porque os bruxos acreditam que as energias criadas durante as suas reuniões devem ser polarizadas pelos dois sexos. Os membros do conventículo não precisam ser casados entre si e muitas vezes formam-se casais entre um bruxo e uma bruxa que são apenas amigos e que se unem durante os rituais para criar a necessária polaridade.

A dirigente principal do conventículo gardneriano é a suma sacerdotisa, assistida pelo sumo sacerdote. É ela que toma todas as decisões importantes no grupo, que preside as iniciações e outros rituais importantes. O sumo sacerdote a ajuda em todas as cerimônias.

O conventículo de Wicca existe para adorar as forças da natureza e para ajudar-se mutuamente em paz e harmonia. No conventículo, os bruxos formam uma irmandade sagrada alicerçada em leis muito antigas, em juramentos rigorosos e na obediência total à suma sacerdotisa. Esta representa a Grande Deusa ou Deusa Branca, que tem muitos nomes, todos provenientes de mitologias e religiões antigas. Entre os seus muitos nomes, temos Ártemis, Diana, Ísis, Ishtar, Habondia, Cerridwen e Arádia. Este último é um dos mais geralmente usados nos conventículos modernos de Wicca. A Grande Deusa é identificada principalmente com a Lua e com as forças da natureza, especialmente as águas. Seu consorte é conhecido como *Cernunos* ou Karnaína, nome derivado dos celtas. Karnaína simboliza a fauna, ou os animais da floresta, e os mangues, e é sempre representado com chifres parecidos com os dos cervos. As imagens em geral o apresentam sentado com as pernas cruzadas. Antigamente, era venerado como deus da prosperidade e da abundância. O sumo sacerdote é o representante de Karnaína no conventículo.

O fundamento principal do poder do conventículo é a pirâmide dos bruxos. Trata-se de uma pirâmide espiritual e imaginária. O primeiro lado é formado pela vontade dinâmica e controlada do bruxo; o segundo lado representa a imaginação, através da qual o bruxo visualiza claramente os seus desejos para que estes sejam cumpridos; o terceiro é uma fé cega e total na habilidade do bruxo de conseguir o que deseja através da sua magia; e o quarto lado é o silêncio, já que o bruxo não pode revelar a ninguém quem é e nem os poderes que possui. De modo que os quatro lados da pirâmide do bruxo são vontade, imaginação, fé e silêncio. Estas quatro coisas são as regras básicas de Wicca ou Bruxaria. Com essa pirâmide de poder, o bruxo acumula profundos conhecimentos das leis naturais e o movimento das poderosas marés cósmicas. A origem do poder dessas marés está nos movimentos do Sol, da Lua e dos planetas do sistema solar.

Os bruxos acreditam que não é suficiente ter conhecimento e poder. Também é necessário saber concentrar e dirigir esse poder e conhecimento na direção e propósitos desejados. Esses propósitos nunca devem incluir prejudicar outras pessoas ou acumular poder para dominar os demais.

Muitos conventículos de Wicca se reúnem uma vez por semana, quase sempre aos sábados, ainda que possa haver reuniões especiais convocadas pela suma sacerdotisa se algum membro do conventículo precisa de ajuda de emergência. No conventículo gardneriano que apresentamos aqui, essas reuniões são conhecidas como *Esbás*. Alguns conventículos consideram o esbá como um ritual lunar. As grandes cerimônias são celebradas durante os festivais de Wicca e também na Lua Cheia. Essas reuniões plenárias são conhecidas como *Sabás* e são 21 no total, as treze luas cheias do ano e os oito festivais tradicionais, que incluem os solstícios de verão e inverno e os equinócios de primavera e outono. Mais adiante falaremos dos festivais em detalhe e dos rituais celebrados nesses dias.

O objetivo principal de cada cerimônia é levantar o Cone do Poder. Sem o Cone do Poder a cerimônia de Wicca não está completa e os poderes do grupo são nulos. O Cone do Poder é criado durante a cerimônia de Wicca pelos membros do conventículo, os quais se dão as mãos formando um círculo e começam a se movimentar rapidamente para a direita, até correr. Enquanto correm, pronunciam as famosas runas que são o coração de Wicca.

As runas contêm uma invocação às forças da natureza, especialmente a Arádia e a Karnaína, pedindo que desçam ao círculo e tornem realidade os desejos do conventículo. Pessoas com visão astral já viram o Cone do Poder elevando-se no meio do círculo de bruxos como uma coluna de energia radiante de imenso poder. Quando a suma sacerdotisa, que dirige a elevação do Cone, julga que houve acúmulo suficiente de energia com as runas, ordena aos bruxos que parem. Nesse momento, a energia acumulada pelo conventículo é dirigida por ela, pelo sumo sacerdote e por todos os bruxos para o que todos em conjunto desejam conseguir nessa cerimônia específica. A decisão de como empregar a energia do Cone do Poder é tomada por todos os membros do conventículo antes de começar a cerimônia e às vezes com semanas de antecedência. A energia é sempre usada para um único desejo, pois uma das principais regras da magia é que a energia dirigida a mais de um objetivo é energia que se perde e dissipa. A energia é usada para ajudar um dos membros a alcançar algo que deseja ou necessita muito. Os bruxos alternam o uso das energias do Cone do Poder entre si muito fraternalmente. E como cada membro recebe a energia do Cone em um dos Esbás ou Sabás, todos estão dispostos a cooperar para se ajudarem mutuamente, trocando suas energias como bons irmãos.

O Cone do Poder pode ser usado para curar, para resolver problemas amorosos ou de dinheiro, para ajudar um dos bruxos a conseguir emprego, resolver um processo judicial ou conseguir qualquer coisa que possa desejar ou necessitar. A energia do Cone depende naturalmente da concentração e da força mental dos membros do conventículo, mas como é energia mental concentrada, sempre se vêem resultados positivos. É isso que mantém os bruxos unidos no conventículo, já que é mais fácil resolver um problema através das energias acumuladas de muitas pessoas do que com a energia de uma só.

O Cone do Poder está fortemente assentado na pirâmide dos bruxos, já que sem vontade, imaginação, fé e silêncio, o Cone não pode ser levantado. O outro elemento de poder na cerimônia é o círculo mágico.

Os bruxos acreditam que o círculo ajuda a concentrar a energia do Cone do Poder e a mantê-la em seu lugar sem se dissipar. Por isso, a primeira ação da sacerdotisa antes de iniciar cada cerimônia é traçar o círculo mágico com o seu punhal mágico, conhecido como "athame". Depois de traçado o círculo, os bruxos só podem se movimentar para a direita (deosil), já que movimentar-se para a esquerda é a negação das forças cósmicas e uma convocação das forças obscuras do Caos. O movimento para a esquerda dentro do círculo é chamado de *widdershins*. Em alguns ritos os bruxos usam o movimento de widdershins para acumular tanto energias positivas como negativas.

Muitas vezes, sobretudo quando querem influenciar uma pessoa à distância, os bruxos usam o Cone do Poder para criar um "elemental", ou seja, uma entidade mental que toma a forma de uma bola de energia ou de um pássaro. Esse "elemental" é enviado para a pessoa com uma incumbência especial e instruído para que volte ao bruxo e informe o resultado da missão.

Os bruxos acreditam que a Bruxaria não é senão a habilidade de manipular as forças da natureza para conseguir o que se deseja. Crêem que o poder cósmico do universo criado por Deus não é bom nem mau, mas neutro. É a pessoa que utiliza esse poder que o torna bom ou mau.

Para evitar usar esse poder de forma negativa, os bruxos seguem várias leis e regulamentos. A principal lei de Wicca é a seguinte:

> *Podes fazer o que quiseres,*
> *desde que não prejudiques ninguém.*

Esta lei significa que o bruxo é livre para expressar a sua vontade e utilizar as forças da natureza como quiser, desde que não as use para fazer mal a outra pessoa, animal, vegetal ou coisa. As pessoas que não aderem a esta lei principal não são verdadeiros bruxos, mas magos negros.

Outra lei muito importante para o bruxo é a *Lei do Três*. Esta lei diz que qualquer ato praticado por uma pessoa, seja ele benéfico ou maléfico, a ela retorna com força triplicada. Nada nem ninguém no universo está isento dessa lei cósmica e é por isso que os bruxos têm muito cuidado para não cometer atos negativos ou destrutivos contra outra entidade, tanto humana como animal ou imaterial, já que sabem que vão ter de pagar esse dano multiplicado por três. Esta também é a razão pela qual os bruxos amam e cuidam de tudo o que existe na natureza, especialmente os animais, as árvores e toda criatura terrestre.

Outras leis adotadas pelos bruxos estão relacionadas com as suas magias. Entre estas está a lei do contato, segundo a qual tudo o que esteve em contato com uma pessoa ou coisa mantém o efeito do contato muito depois de se ter separado dela. Por isso, acreditam que objetos que pertenceram a uma pessoa ou foram usados por ela podem ser utilizados para influenciá-la à distância.

Outra lei importante é a *lei da semelhança ou magia imitativa*. De acordo com esta lei, semelhante atrai semelhante. O bruxo emprega essa lei para fazer magias que imitam o que deseja que aconteça. Por exemplo, um trabalho amoroso simples em que se usam duas velas, uma de homem e outra de mulher, inscritas com os nomes das pessoas que se quer unir, untadas com óleos especiais e depois amarradas, está aplicando a lei da semelhança ou magia imitativa.

A intenção do trabalho é que do mesmo modo que se unem as duas velas, assim também vão se unir as duas pessoas, e que, conforme queimam as velas acesas, assim essas duas pessoas queimarão de amor mútuo.

Além de Arádia e de Karnaína, os bruxos acreditam na existência de forças elementais como fadas, gnomos, elfos, ondinas e salamandras. Essas entidades são conhecidas como elementais porque estão associadas aos quatro elementos. As entidades pertencentes ao elemento ar são os elfos e as fadas; as salamandras pertencem ao elemento fogo e se visualizam como pequenos dragões de fogo que saltam em qualquer chama; as ondinas pertencem ao elemento água e se visualizam como criaturas azuladas e muito belas, feitas de vapor; e os gnomos pertencem ao elemento terra e se visualizam como seres humanos em miniatura, com barbas longas, que vivem no centro da Terra e são donos de todas as minas e minerais. Essas criaturas existem no plano astral, mas podem ser contatadas através de certos rituais e cerimônias. As fadas são as entidades favoritas dos bruxos, especialmente os reis das fadas, batizados por Shakespeare como *Titânia e Oberon*. Os bruxos lhes fazem oferendas especiais na noite do solstício de verão, conhecida como "a noite da metade do verão".

Ao se encontrarem e despedirem, os bruxos se saúdam beijando-se na face e dizendo "Bendito Sejas". Esta é a saudação ancestral de Wicca, e todos os bruxos a fazem no incontável número de idiomas do mundo todo.

Outra despedida comum adotada por muitos é: "Alegres nos encontramos e alegres nos separamos."

Cada bruxo ou bruxa tem de escolher um nome mágico que o identifique entre os membros do conventículo. Muitos bruxos famosos revelaram os seus nomes mágicos ao mundo, porém isto não é bem-visto pelos mais ortodoxos que observam rigorosamente a lei do silêncio ou o segredo que faz parte da pirâmide dos bruxos. A maioria dos bruxos adota nomes mágicos associados com a natureza ou com uma qualidade que eles admiram ou desejam. Entre os muitos nomes mágicos de bruxos estão Paz Serena, Lobo Prateado, Luz da Lua, Águia Branca, Diana do Mar, Eco Lunar, Lua Prateada, Mariluna e Raio de Prata.

Os bruxos ensinam que a Grande Deusa tem três manifestações que se refletem em toda mulher: a donzela, a matrona e a anciã. Toda mulher passa por estas três fases. A donzela é uma mulher jovem, não necessariamente virgem; a matrona é uma mulher madura, entre os 30 e 50 anos; e a anciã é uma mulher de idade mais avançada, passando dos 50 anos. Das três, a anciã é considerada a mais sábia das fases da Deusa e a mais respeitada. Muitas vezes, quando a suma sacerdotisa chega à fase da anciã, ela pede para afastar-se, deixando o lugar a uma das bruxas mais jovens do conventículo, mas em geral os demais bruxos lhe negam o pedido, principalmente se é uma suma sacerdotisa de muito poder. Se insiste em abandonar o conventículo, ela tem autorização para fazê-lo e um ano e um dia para mudar de idéia. Se dentro desse tempo ela resolve voltar, a nova suma sacerdotisa precisa ceder e devolver-lhe o posto.

Antes de autorizar o ingresso de um novo membro no conventículo, a suma sacerdotisa e os demais bruxos estudam cuidadosamente as circunstâncias dessa pessoa, já que ela vai fazer parte de uma irmandade muito unida onde não há segredos. Só quando estão convencidos de que o aspirante a bruxo reúne os requisitos necessários, ele é admitido no conventículo. Logo que é aceito pelo grupo, é convidado a assistir ao próximo Esbá ou Sabá onde recebe a Iniciação de Primeiro Grau em Wicca.

Existem três tipos de iniciações na religião: Primeiro, Segundo e Terceiro Grau. Quando um bruxo ou bruxa recebe a Iniciação de Terceiro Grau, julga-se que tem suficientes conhecimentos e experiências para abrir o seu próprio conventículo. Nem todos os bruxos abandonam o conventículo-mãe ao receber a terceira iniciação, porém os que decidem fazê-lo recebem a bênção e o beneplácito da suma sacerdotisa e do sumo sacerdote. O novo conventículo é considerado um ramo do conventículo original. Um dos símbolos de hierarquia da suma sacerdotisa é uma faixa verde que leva na coxa esquerda. Cada vez que um membro do conventículo abre o seu próprio grupo, a suma sacerdotisa coloca uma fivela de prata em sua faixa. Existem conventículos de muitos anos cuja suma sacerdotisa ostenta uma faixa cheia de fivelas, cada uma representando um conventículo iniciado por um dos seus bruxos.

Todos os conventículos de bruxos se respeitam mutuamente, porém uma das leis de Wicca proíbe revelar os nomes dos seus membros a outros conventículos e também o lugar onde se reúnem. Isso é herança do tempo da Inquisição, quando a prática da Bruxaria era condenada e muitas vezes terminava nas chamas de uma fogueira. Nos grandes festivais, muitos conventículos de bruxos se inscrevem para celebrar a data com um grande Sabá, mas mesmo nessas ocasiões não se revela que bruxo pertence a qual conventículo nem onde se reúnem.

Cada conventículo tem também um nome que é escolhido pela suma sacerdotisa. Entre nomes comuns de conventículos estão *O Círculo de Arádia*, *A Roda da Lua*, *Os Filhos da Lua*, *A Estrela de Prata* e *Os Filhos do Lobo Branco*.

Os bruxos guardam zelosamente os segredos e regras do conventículo e freqüentemente estão comprometidos com este por juramentos muito rigorosos. Um bruxo que trai o seu conventículo ou faz alguma magia negativa a um dos seus membros é expulso imediatamente e amaldiçoado pela suma sacerdotisa, pelo sumo sacerdote e por todo o concílio. Uma das maldições a um traidor é a seguinte: "Que a maldição da Grande Deusa esteja com ele, que jamais possa voltar a nascer na Terra e que permaneça no inferno dos cristãos para sempre."

A idéia de que os bruxos voam em vassouras vem da prática medieval de saltar com vassouras pelos campos cultivados para que as colheitas fossem abundantes.

Um dos segredos mais antigos dos bruxos é o ungüento voador, usado antigamente para se obter a sensação de voar. É daí que procede a idéia de que os bruxos voam. De fato, o ungüento continha certas substâncias alucinógenas, como a beladona e outras semelhantes, que davam uma sensação de euforia a quem as passasse no corpo. Muitos bruxos usavam esse ungüento em suas cerimônias. Esta prática se perdeu com o tempo, quando se descobriu o mal que essas substâncias fazem ao sistema nervoso central. De modo que os bruxos nunca voaram e hoje em dia menos ainda.

Outra lei de Wicca importante é que um bruxo não pode aceitar dinheiro em troca de ajuda mágica a uma pessoa. Tampouco pode regatear ao comprar algum objeto. Também é proibido pôr em perigo o conventículo ou um dos seus membros. Os desentendimentos que podem surgir entre os membros são resolvidos pela suma sacerdotisa ou por um conselho dos mais velhos. O conventículo mantém um livro especial onde estão anotadas as ervas que são úteis para a cura de enfermidades ou para a prática da magia, além de muitos outros ensinamentos secretos. Este livro está à disposição de todos os membros. Existe também outro livro onde estão escritas as ervas malignas e as magias negras, porém este livro só é acessível aos mais velhos, aos membros do conselho e à suma sacerdotisa. Os demais membros não têm permissão para consultá-lo.

Quando um bruxo comete uma falta contra o conventículo e se arrepende, ele precisa confessar a sua falta de joelhos aos pés da suma sacerdotisa. Esta dá a sentença com a aprovação do conventículo. Geralmente, estas faltas são castigadas com vários golpes do chicote que todo bruxo tem em seu poder e que é o símbolo principal da hierarquia da suma sacerdotisa. O bruxo arrependido beija a mão da suma sacerdotisa e em seguida beija o chicote, agradecendo o castigo recebido. As chicotadas são seguidas por uma pequena comemoração em que todos beijam e perdoam a pessoa castigada.

Toda suma sacerdotisa leva o título de "Dama" antes do seu nome mágico. Uma suma sacerdotisa cujo nome mágico seja Mariluna, é conhecida como Dama Mariluna. O sumo sacerdote leva o título de Senhor. Se o seu nome mágico for Lobo de Prata, ele será conhecido como Senhor Lobo de Prata.

A suma sacerdotisa sempre tem uma assistente, conhecida como a Donzela, que é sempre jovem e a ajuda nas necessidades do cargo.

Nos tempos modernos, Wicca começou a acrescentar novos elementos aos seus ritos. A adivinhação, que antes estava baseada na observação da natureza, nas cartas do Tarô e na bola de cristal, agora inclui a astrologia, a cabala hebraica e a magia cerimonial. De forma que a Wicca atual é uma religião dinâmica, evolutiva, cujos membros assimilaram muitos aspectos da vida moderna, sem abandonar suas antigas práticas e crenças.

# 2

# FESTIVAIS, SABÁS E ESBÁS

omo expliquei no primeiro capítulo, a Wicca gardneriana celebra dois tipos de cerimônias. A mais comum realiza-se nas reuniões conhecidas como Esbás, geralmente feitas uma vez por semana e quase sempre no sábado. Os Sabás são celebrados durante um dos oito festivais anuais e na Lua Cheia. Alguns conventículos que se reúnem uma vez por mês, na Lua Cheia, consideram essa reunião mensal como um Esbá. Freqüentemente, durante os oito festivais anuais, dois ou mais conventículos se encontram para celebrar esses dias.

Os oito festivais que os bruxos celebram relacionam-se com os ciclos da natureza, com a agricultura e a criação de animais, atividades muito importantes na antiguidade, quando a prática de Wicca tinha como propósito ajudar os agricultores em suas tarefas agrícolas.

Os ciclos astronômicos que anunciam a chegada das estações também fazem parte dessas celebrações, porém nos tempos antigos não eram tão importantes como na Wicca moderna.

Estes oito festivais se dividem em duas categorias. Os quatro mais importantes são celebrados em 2 de fevereiro, dia da Candelária; 30 de abril, conhecido como véspera de maio (Beltane, pronuncia-se Beltein); 31 de julho, conhecido como véspera de agosto (Lammas); e 31 de outubro, véspera de todos os santos (mais conhecido como Samhain, Hallowmass e Halloween nos países de língua inglesa, como Estados Unidos e Inglaterra). Os quatro festivais de menor importância são celebrados em 21 de março (equinócio da primavera); 22 de junho (solstício de verão); 21 de setembro (equinócio do outono) e 22 de dezembro (solstício de inverno). Em conjunto, esses oito festivais formam a roda da vida para os bruxos, já que marcam épocas de grande importância para a Terra e para toda a humanidade.

## 2 de fevereiro — Dia da Candelária

Este festival celebra o que os romanos conheciam como *Lupercalia* ou festa do deus Pã. Para os romanos, esse era um dia de grande fertilidade e o celebravam com rituais em que os sacerdotes da antiga religião flagelavam as mulheres que encontravam nas ruas com açoites de pele de lobo para que se tornassem férteis e tivessem muitos filhos.

Durante a cerimônia da Candelária, a suma sacerdotisa, com a varinha mágica na mão, preside o seu conventículo em danças tradicionais até chegar ao lugar onde será realizada a cerimônia. Em seguida, acontece a dança chamada *Volta*, em que os bruxos dançam aos pares. A dança Volta provém da Itália, onde a Bruxaria foi muito praticada na antiguidade.

A suma sacerdotisa forma o círculo com o punhal mágico e o sumo sacerdote entra no círculo com a sua espada na mão direita e o punhal mágico na esquerda. Ele coloca esses instrumentos sobre o altar e dá o Beijo Quíntuplo na suma sacerdotisa. Esse beijo faz parte de toda cerimônia de Wicca. São 5 beijos e por isso é chamado de Beijo Quíntuplo. O primeiro beijo é sobre os dois pés da sacerdotisa, o segundo sobre os dois joelhos, o terceiro sobre o baixo-ventre, o quarto sobre os dois seios, e o quinto nos lábios. Ao beijar cada parte do corpo da suma sacerdotisa, o sumo sacerdote abençoa esse ponto com certas palavras ritualísticas que veremos mais adiante quando falarmos da grande cerimônia de Wicca. Dessas palavras provém a saudação tradicional de Wicca: Bendito Seja.

Quando o sumo sacerdote termina o Beijo Quíntuplo, a suma sacerdotisa diz Bendito Seja e dá o Beijo Quíntuplo no sumo sacerdote. Em seguida recita a seguinte invocação:

*Temido Deus da morte, da ressurreição e*
*da vida, doador da vida,*
*Deus nosso, cujo nome é Mistério de Mistério,*
*fortalece os nossos corações,*
*permite que a luz se cristalize em nosso sangue,*
*dando-nos o dom da ressurreição.*
*Não há nada em nós que não provenha dos deuses;*
*desce, suplicamos-te, sobre o teu servo e sacerdote.*

Este é um chamado ao deus Karnaína para que desça e tome posse do sumo sacerdote. Depois dessa invocação, são feitas as iniciações, se estas foram programadas para esse dia. Alguns conventículos realizam o Grande Rito, que descreverei mais adiante, porém na maioria deles os participantes limitam-se a abraçar-se.

Depois dos rituais da noite, os bruxos celebram o festival dançando, jogando e comendo as oferendas especiais do festival, que geralmente consistem de biscoitos, pães, frutas e vinho doce. Depois praticam jogos tradicionais. Um desses entretenimentos é conhecido como *o jogo da vela* e é feito da seguinte maneira. Os bruxos se colocam em círculo olhando para dentro. As bruxas se colocam atrás deles. Os bruxos começam a passar uma vela acesa de mão em mão, enquanto as bruxas assopram por trás tentando apagá-la. Quando uma das bruxas apaga a vela, o bruxo que segurava a vela perde o jogo. Ele então precisa enfrentar a bruxa, que lhe dá três batidas leves com o chicote ritual. O bruxo então deve dar-lhe o Beijo Quíntuplo. A vela é acesa novamente e o jogo continua. Este é só um dos muitos jogos que os bruxos adotam durante os Sabás.

## 21 de março — Equinócio da primavera

Para este festival é necessária uma roda, símbolo da roda da vida. Alguns bruxos usam um espelho redondo e há conventículos que utilizam um círculo formado por quatro pedaços de pau cruzados para formar oito pontas. Essas oito pontas são amarradas com uma cinta de couro ou de metal que as envolve, formando uma roda que simboliza os oito festivais da roda da vida. Essa roda é colocada sobre o altar, ladeada por duas velas acesas.

A suma sacerdotisa forma então o círculo mágico, dentro do qual já está colocado um grande caldeirão cheio de material inflamável. Em seguida, volta-se para o oeste, ficando de frente para o sumo sacerdote, que está no leste. Ambos têm os punhais mágicos ou athames nas mãos. A suma sacerdotisa recita a seguinte invocação:

*Acendemos este fogo hoje,*
*na presença dos Seres Sagrados.*
*Sem malícia, sem ciúmes, sem inveja,*
*sem nada temer do que existe sob a luz do sol,*
*a não ser os Grandes Deuses.*
*A Ti invocamos, Luz da Vida.*
*Sê uma chama brilhante diante de nós,*
*uma estrela cintilante sobre nós,*
*um caminho sem obstáculos embaixo de nós.*
*Acende em nossos corações*
*uma chama de amor até nossos vizinhos,*
*até nossos inimigos, nossos amigos, nossos entes queridos,*
*até todo ser humano que habita na Terra.*
*Ó misericordioso filho de Cerridwen,*
*que o amor vibre em nossos corações*
*desde a menor das criaturas que existe no mundo*
*até o Nome mais alto acima de todos.*

A suma sacerdotisa traça um pentagrama ou estrela de cinco pontas no ar com seu athame, que então entrega ao sumo sacerdote junto com o chicote. O pentagrama ou estrela de cinco pontas é um acréscimo aos rituais de Wicca e tem origem na magia cerimonial da cabala judaica. A donzela, assistente da suma sacerdotisa, acende uma chama e a entrega ao sumo sacerdote. Este acende o material que está no caldeirão para formar uma fogueira. Depois, segurando a suma sacerdotisa pela mão, ambos saltam sobre as chamas do caldeirão. Os outros bruxos saltam sucessivamente, também aos pares. Este é um ritual de purificação e de vida e os bruxos acreditam que o salto sobre as chamas os purifica de vibrações negras.

Depois desse ritual, todos participam de jogos, seguidos por danças e pelo festim de biscoitos, frutas e vinho.

Muitos conventículos realizam este festival ao ar livre para evitar o perigo de fogo, mas outros preferem a privacidade de um espaço fechado.

Durante o festival do equinócio da primavera, os bruxos enfeitam o recinto com flores primaveris e escolhem uma das bruxas mais jovens como rainha da primavera. No fim da festa, essa bruxa recebe todas as flores que enfeitavam o círculo.

# 1º de maio — Dia de maio

Este é o festival mais antigo de Wicca e o que tem sobrevivido sem deturpações. Entre os antigos druidas, era um festival do fogo conhecido como Beltane (pronuncia-se Beltein), nome que os bruxos modernos ainda usam. Na Alemanha, é conhecido como *Walpurgisnacht* ou a noite de Santa Valburga, uma religiosa que viveu no século VIII.

Antigamente, no dia 30 de abril, véspera de maio, celebrava-se o festival de Plutão, o deus romano dos mortos. A mitologia romana, que tomou esta lenda de empréstimo aos gregos adaptando o nome dos deuses, nos diz o seguinte: O deus Plutão reinava na escuridão impenetrável do Tártaro, lugar para onde vão os seres humanos ao morrer. Segundo a mitologia greco-romana, essa região desolada localiza-se nas regiões mais profundas da Terra. Certo dia, quando Plutão caminhava pela Terra em perseguição a seus inimigos, foi visto por Vênus, deusa do amor, que brincava com seu pequeno filho Cupido. Vênus pediu a Cupido que atravessasse o coração de Plutão com uma de suas flechas para que ele se apaixonasse pela primeira mulher que visse. Cupido obedeceu e feriu com sua certeira flecha o peito do indomável deus da morte. Nesse momento, Prosérpina, filha única de Ceres, deusa da Terra, colhia flores com outras donzelas. E foi Prosérpina que Plutão viu ao ser atingido pela flecha de Cupido. Ele se apaixonou imediatamente por Prosérpina, a quem, sem pensar duas vezes, envolveu em seus braços e levou para a sua cavalgadura. Ignorando o choro desesperado da jovem deusa, Plutão desapareceu com ela no abismo infinito que levava à sua mansão do Tártaro.

A deusa Ceres passou muitos dias desesperada procurando sua adorada filha por toda parte. Por fim, uma ninfa das águas revelou-lhe o que havia acontecido. Enlouquecida de dor, Ceres amaldiçoou a Terra por ter permitido que Plutão a atravessasse com Prosérpina. A maldição de Ceres secou todas as plantações, os animais morreram e a Terra se cobriu de gelo. Em seguida a deusa subiu ao Olimpo, a mansão dos deuses, e pediu a ajuda de Júpiter para recuperar a filha. Júpiter concordou, porém disse a Ceres que só poderia trazer Prosérpina das profundezas do Tártaro se a jovem não houvesse comido nada durante a sua permanência no reino da morte. Infelizmente, sabendo o que estava acontecendo no Olimpo, Plutão ofereceu uma romã a Prosérpina, que a comeu. A romã é considerada a fruta dos mortos e, ao comê-la, Prosérpina ficou amarrada ao reino de Plutão. Tudo o que Júpiter pôde fazer para ajudar Ceres e salvar a Terra foi conseguir que Plutão concordasse em que Prosérpina passasse a metade do ano com Ceres e a outra metade com ele. Quando Prosérpina voltou à Terra, Ceres, cheia de alegria, devolveu a vida ao planeta, cobrindo-o de flores. Esta é a chegada da primavera. Durante a metade do ano em que Prosérpina permanece com Ceres, a Terra é tépida e cheia de flores e frutos. Estas são as estações da primavera e do verão. Mas quando Prosérpina vive com Plutão, a sua mãe abandona a Terra. As folhas secam, as flores não são tão abundantes e os camponeses se apressam em fazer a colheita durante a temporada conhecida como vindima. É a estação do outono, que antecede o inverno, o período de maior desolação da Terra, quando Ceres está mais desconsolada pela ausência de Prosérpina.

É o mês de maio, o mês das flores e do dia das mães, que se celebra nesse festival, que comemora o retorno de Prosérpina à Terra e à sua mãe Ceres. Para os bruxos, tanto Ceres como Prosérpina são manifestações da Grande Deusa. Karnaína é uma representação do deus Plutão. Na Inglaterra, este festival é celebrado com estacas cravadas no chão e decoradas com fitas e flores. As mulheres jovens pegam as fitas e giram em torno da estaca cantando e dançando.

A cerimônia que comemora este festival é muito simples. A suma sacerdotisa forma o círculo mágico e caminha em torno dele quase correndo. Os demais bruxos correm atrás dela. Enquanto corre, ela recita:

*Ó, não reveleis ao sacerdote a nossa arte,*
*porque ele a chamaria de pecado.*
*Porém estaremos no bosque esta noite,*
*conjurando a chegada do verão.*
*E traremos boas novas*
*para toda mulher, milho, gado.*
*Porque o Sol já retorna do sul,*
*com árvores e flores bem carregado.*

Depois desse ritual, a suma sacerdotisa recita a grande invocação conhecida como Baixar a Lua, e que veremos no próximo capítulo. Durante essa invocação, a Grande Deusa é chamada a descer sobre a suma sacerdotisa. Em seguida, todos comem as oferendas da estação, tomam vinho e se entretêm com os jogos costumeiros.

## 22 de junho — Solstício de verão

Este é um dos festivais favoritos dos bruxos, pois o clima é quente e as cerimônias podem ser celebradas ao ar livre, se assim eles desejarem. Nesse dia, muitos conventículos preferem reunir-se para festejar juntos.

A suma sacerdotisa traça o círculo mágico. Diante do altar está o grande caldeirão, agora cheio de água e decorado com flores. Os bruxos circundam a suma sacerdotisa, alternando homens e mulheres. O sumo sacerdote posta-se no norte, ponto onde iniciam quase todas as cerimônias de Wicca. A suma sacerdotisa levanta o athame e faz a seguinte invocação:

*Grande Ser do Céu, poder do Sol,*
*invocamos-Te pela força dos teus antigos nomes:*
*Miguel, Balin, Artur, Herne.*

*Vem de novo como antigamente a esta nossa Terra.*
*Ergue a Tua lança de luz e protege-nos.*
*Dispersa pela Tua onipotente luz as forças escuras.*
*Dá-nos bosques fragrantes e verdes campinas,*
*jardins florescentes e milho tenro.*
*Leva-nos até a Tua montanha visionária*
*e mostra-nos as belas mansões dos deuses.*

Com o athame, a suma sacerdotisa desenha o pentagrama ou estrela de cinco pontas no ar, voltada para o sumo sacerdote. Este se aproxima do caldeirão, mergulha o seu athame na água e o eleva no ar dizendo:

*A lança no caldeirão e no Santo Graal,*
*espírito na carne, homem e mulher, Sol na Terra.*

O sumo sacerdote curva-se diante da suma sacerdotisa e volta ao círculo. A suma sacerdotisa volta-se para o conventículo e ordena:

*Dançai ao redor do caldeirão de Cerridwen,*
*a Grande Deusa,*
*e sede abençoados todos com esta água consagrada,*
*do mesmo modo que o Sol, Senhor da Vida,*
*se levanta em todo o seu poder no signo das águas da vida.*

Os bruxos começam a dançar ao redor do altar e do caldeirão, guiados pelo sumo sacerdote. Enquanto dançam, a suma sacerdotisa os asperge com a água do caldeirão. Em seguida, todos se sentam em torno do círculo, comem as oferendas e tomam vinho.

# 1º de agosto — Lamas

Antigamente, este dia era conhecido como *o dia das fogaças de pão* entre os ingleses. Era um dia de agradecimento aos deuses da natureza pelos grãos das colheitas, especialmente do trigo de que provém o pão. Assim, foi um dos precursores do dia de Ação de Graças, estabelecido pelos peregrinos americanos, que eram descendentes dos ingleses. Os antigos druidas o conheciam como o festival de fogo de Lugnasa, durante o qual se acendiam fogueiras nos campos em adoração aos deuses.

Os bruxos o celebram com danças tradicionais ao redor do círculo. Eles enchem o caldeirão com material inflamável, como galhos secos e ervas mágicas, e o acendem no sul do círculo, já que o Sul representa o elemento fogo. O sumo sacerdote preside a invocação conhecida como Baixar a Lua. A suma sacerdotisa recita o Mandato da Grande Deusa, que veremos num próximo capítulo. Em seguida, um por um, todos os bruxos passam diante dela e lhe beijam os pés. As bruxas se inclinam diante dela. O sumo sacerdote entrega velas brancas aos membros do conventículo, que as acendem no caldeirão. Todos então começam a caminhar em torno do círculo com a vela acesa nas mãos. O sumo sacerdote recita a seguinte invocação:

*Rainha da Lua,*
*Rainha das estrelas,*
*Rainha das trombetas,*
*Rainha do fogo,*
*Rainha da Terra,*
*dá-nos o menino prometido.*
*Porque és a Grande Mãe,*
*aquela que o gera,*
*e é o Senhor da Vida*
*aquele que nasce de novo.*
*Sol dourado da montanha e da colina,*
*ilumina o mundo,*
*ilumina os mares,*
*ilumina os rios,*
*ilumina a todos nós.*
*A dor acabe e a alegria nasça.*
*Bendita seja a Grande Mãe!*
*Sem começo nem fim,*

*para sempre até a eternidade!*
*Evoé! Io! Evoé! Je!*
*Bendito seja! Bendito seja!*

O sumo sacerdote guia o conventículo em danças ao redor da suma sacerdotisa, que é a manifestação da Grande Deusa. Em seguida os bruxos beijam os pés dela e as bruxas se inclinam diante dela. Depois todos comem as oferendas de biscoitos, pães e frutas e tomam vinho. Seguem-se mais danças e diversões.

## 21 de setembro — Equinócio do outono

Durante este festival, quando a Terra começa a cobrir-se com seu manto de silêncio, os camponeses plantam muitas sementes novas em seus campos e pastagens. Os bruxos vêem a fase do plantio das sementes como o começo da descida de Prosérpina (a semente) ao ventre da Terra, que é o Tártaro. Durante todo o inverno a semente dorme e na primavera desperta e surge do terreno em embriões verdes cheios de esperança. Por esta razão, durante este festival, o altar de Wicca é adornado com sementes, cones de pinheiro e de carvalho, nozes, flores da estação e frutos da vindima, como espigas de milho.

A suma sacerdotisa traça o círculo mágico e dá várias chicotadas no sumo sacerdote para purificá-lo. Ele a purifica da mesma maneira. Os membros do conventículo purificam-se por sua vez, os bruxos açoitando as bruxas e estas a eles. A suma sacerdotisa posiciona-se no leste, com o sumo sacerdote na frente dela, no oeste. A suma sacerdotisa recita a seguinte invocação:

*Até já, ó Sol, luz que sempre retornas;*
*deus escondido e todavia sempre entre nós.*
*Parte agora para a terra da juventude,*
*através das portas da morte,*
*para ali habitar em teu trono, juiz dos deuses e dos*

*seres humanos;*
*o deus com coroa de cornos, que rege as hostes dos ares.*
*E ainda que se detenha invisível no meio do círculo,*
*carrega dentro de si a semente secreta,*
*a semente dos grãos maduros, a semente da carne;*
*e apesar de estar escondido nas profundezas da Terra,*
*carrega também em si a semente maravilhosa das estrelas.*
*Nele habita a vida, e a vida é a luz do ser humano,*
*aquele que nunca nasceu e que nunca morre.*
*Portanto, não chores, Wicca, espera o seu retorno com alegria.*

Por essas palavras, é evidente que Wicca é Ceres, a Mãe Terra, que espera o regresso do Sol na primavera e com o Sol a sua filha Prosérpina. É por isso que Wicca é considerada uma religião da Terra, em que se adora a Terra e a natureza em todas as suas formas e através de todos os seus ciclos anuais. Nesta invocação, o deus Plutão é identificado com Prosérpina, já que juntos formam o Princípio Feminino e Masculino de onde tudo procede. A Grande Deusa, Arádia, e o Grande Deus, Karnaína, são a manifestação desses dois princípios cósmicos.

Depois da invocação, o conventículo saúda o Grande Deus com danças em torno do círculo, repetidas três vezes. Em seguida, todos participam de vários jogos, comem as oferendas e tomam vinho.

## 31 de outubro — Véspera do dia de finados

Na Inglaterra e nos Estados Unidos, este ritual é conhecido como *Samhain* (pronuncia-se Samhein). Seu nome popular é Halloween (pronuncia-se hélouin). Este é outro festival do fogo, durante o qual os bruxos costumam invocar os espíritos dos mortos, os quais se manifestam na fumaça das chamas do grande caldeirão.

O festival reconhece formalmente o final do verão, quando os poderes das forças negras começam a crescer. Antigamente, nessa noite, as pessoas costumavam fechar bem as portas e colocar nas janelas abóboras furadas com velas acesas dentro. Isto tinha o duplo objetivo de afugentar as forças do mal e de chamar os espíritos dos entes queridos falecidos para que voltassem para visitá-los. Acreditava-se que ao toque da meia-noite nesse festival os mortos tinham permissão para regressar à Terra. Os bruxos ainda conservam essas crenças.

O costume de furar abóboras e colocar dentro delas velas acesas continua sendo observado nos Estados Unidos, onde este festival é muito popular, embora sem os seus símbolos rituais. É mais uma festa de fantasia, quando as crianças se vestem com disfarces de mortos, vampiros e outros monstros da ficção popular. Levando cestas e sacolas, passam de casa em casa na vizinhança, pedindo doces e guloseimas com o grito "trick or treat". Essas palavras significam "presente ou molecagem" e provêm de um costume muito antigo em que os jovens percorriam as casas vizinhas com o mesmo grito. Se ganhassem presentes ou doces, continuavam tranqüilos. Do contrário, faziam todo tipo de travessuras e brincadeiras pesadas aos donos das casas que lhes negavam presentes. Tapavam as chaminés, soltavam os animais dos cercados e roubavam frutas dos pomares. Atualmente, as travessuras são mais simples, mas igualmente desagradáveis, como atirar ovos nas portas e janelas.

Para os bruxos, o festival de Samhain ou Hallowmas (pronuncia-se héloumâs), como também é conhecido, é o mais austero e solene do ano.

O festival começa com a purificação do conventículo com o chicote cerimonial. Quatro velas vermelhas acesas são colocadas nos quatro pontos cardeais da sala. Sobre o altar a suma sacerdotisa coloca uma coroa de flores da estação. Ela traça o círculo mágico e os bruxos entram no círculo. No centro do círculo está o caldeirão preparado e aceso. O sumo sacerdote diz:

> *Ó deuses, a quem tanto amamos,*
> *abençoai este nosso Grande Sabá, para que nós,*
> *vossos humildes devotos,*
> *possamos celebrar este ritual com amor,*
> *alegria e êxtase.*
> *Abençoai nosso ritual esta noite,*
> *com a presença de nossos seres amados*
> *que já partiram da Terra.*

Os bruxos começam a caminhar lentamente ao redor do círculo recitando as runas, que estudaremos num próximo capítulo. A suma sacerdotisa e o sumo sacerdote desenham o pentagrama ou estrela de cinco pontas no ar com os seus athames, que são dois punhais cerimoniais. Depois a suma sacerdotisa invoca o Grande Deus para que desça sobre o sumo sacerdote, com as seguintes palavras:

> *Temido Senhor das sombras, Deus da vida, doador da*
> *Vida, já que conhecer-Te é conhecer a morte,*
> *imploramos-te que abras de par em par teus portais, pelos*
> *quais todos teremos de passar. Permite que nossos seres amados, que nos*
> *precederam nos umbrais da morte,*
> *retornem esta noite para festejar conosco. E quando nossa hora chegar, como*
> *deve chegar, ó tu, Consolo e Alívio dos*
> *nossos pesares, Doador da Paz e do Descanso, entraremos em teu*
> *reino felizes e sem temor; já que sabemos que uma vez que*
> *descansemos e refresquemos entre nossos seres amados,*
> *voltaremos a renascer através da tua graça e a graça da Grande Mãe.*
> *Permite que seja no mesmo lugar e ao mesmo*
> *tempo que nossos seres amados, para encontrarmos novamente,*
> *para recordar e amar-nos mutuamente.*
> *Desce, imploramos-te, sobre este teu servo e sacerdote.*

Cada bruxa dá o Beijo Quíntuplo no sumo sacerdote, que é agora a manifestação do Grande Deus. O sumo sacerdote se ajoelha diante da suma sacerdotisa, que coloca na cabeça dele uma coroa de flores. Cada membro do conventículo acende uma vela vermelha nas velas do altar e todos lançam incenso em grande quantidade sobre o incensório. A suma sacerdotisa toca a sineta do ritual com seu athame quarenta vezes e diz:

> *Escutai-me, bruxos meus,*
> *sede bem-vindos ao nosso Grande Sabá,*
> *demos juntos as boas-vindas aos espíritos*
> *de nossos entes falecidos.*

A suma sacerdotisa toca novamente a sineta com o athame quarenta vezes. Os bruxos começam a caminhar devagar ao redor do círculo. A suma sacerdotisa enche a grande taça do ritual de Wicca com vinho tinto e a oferece ao sumo sacerdote que toma a taça, bebe um pouco de vinho e diz:

*Com toda a humildade*
*como o Grande Deus ordena,*
*Ordeno a meus bruxos que bebam.*

O sumo sacerdote oferece a taça a um dos membros do conventículo com a mão direita. Com a esquerda pega a vela vermelha acesa do bruxo e a apaga no vinho. O bruxo bebe um pouco da taça. Este bruxo é seguido pelos demais membros do concílio. Quando todos tomaram do vinho, o grande sacerdote diz:

*Escutai, bruxos meus, as palavras do Grande Deus:*
*Bebei, dançai e festejai*
*na presença dos antigos deuses*
*e dos espíritos dos nossos mortos.*

Os bruxos então se sentam ao redor do círculo, comem e tomam vinho, pedindo aos espíritos dos mortos que compartilhem as oferendas de comida e vinho. Em seguida todos se concentram nas chamas do caldeirão, buscando entre elas as faces dos seus entes queridos falecidos.

## 22 de dezembro — Solstício de inverno

Para os bruxos, o solstício de inverno é o verdadeiro ano novo. Celebra-se nesse festival o renascer do deus Sol, quando o inverno inicia, mas ao mesmo tempo é quando a luz do Sol inicia a prolongar-se e os dias são mais longos.

Os antigos romanos celebravam o festival da Saturnalia em honra ao deus Saturno, que era o deus da agricultura, em 17 de dezembro. O festival se prolongava até 25 de dezembro, incluindo o solstício de inverno. Durante este festival, os romanos interrompiam os negócios, não guerreavam, davam liberdade temporária aos seus escravos e passavam os dias do festival numa festa contínua. Nessa data também, muitos romanos celebravam o festival do deus Mitra, adorado na antiguidade como o deus da luz. Com a intenção de atrair os pagãos ao cristianismo, as igrejas cristãs escolheram o dia 25 de dezembro como data do nascimento de Jesus, considerado a luz do mundo. Desse modo, muitos pagãos identificaram Jesus com Mitra.

O festival do solstício de inverno em Wicca começa como sempre com a suma sacerdotisa traçando o círculo mágico. Em seguida, ela invoca a presença dos Senhores Guardiães das Torres. O altar está enfeitado com agárico, ramos de pinheiro e outras ervas ou flores do inverno.

As luzes do recinto são apagadas, apenas duas velas vermelhas estão acesas sobre o altar. O caldeirão também está aceso e flamejante no sul do círculo. As chamas do caldeirão contêm galhos e folhas de nove árvores diferentes entre as quais cedro, pinheiro, sorveira, álamo, zimbro, sabugueiro, azevinho e macieira. O caldeirão é adornado com ramos de pinheiro e flores de inverno como a baga de azevinho.

O sumo sacerdote baixa a Lua sobre a suma sacerdotisa que está no oeste diante do caldeirão. Os bruxos formam um círculo ao seu redor e começam a caminhar devagar no círculo, que está iluminado pelas chamas do caldeirão e pelas duas velas no altar. Enquanto dão voltas, o sumo sacerdote acende uma vela vermelha nas chamas do caldeirão e a entrega a cada bruxo. Quando cada um tem a sua vela acesa na mão, a suma sacerdotisa recita a mesma invocação usada no ritual de Lamas de 1º de agosto. Nesse momento todos os bruxos levantam as velas e recitam repetidamente estas palavras:

*Evoé! Io! Evoé! Je!*
*Bendito seja! Bendito seja!*

O sumo sacerdote recita as runas nesse momento e quando termina toma a suma sacerdotisa pela mão e juntos saltam sobre as chamas do caldeirão. Os outros bruxos também saltam sobre o fogo aos pares. Ao terminar o salto, cada um grita em voz alta:

*Jarrajia!*

Esta é a palavra que conclui as runas de Wicca, como veremos adiante. Então todos os bruxos passam em fila diante da sacerdotisa guiados pelo sumo sacerdote, que a beija na face direita. Todos os bruxos inclinam-se diante dela e também a beijam na face. As mulheres lhe fazem uma cortesia. Nesse momento, a suma sacerdotisa toma o cálice cerimonial de Wicca, que o sumo sacerdote enche de vinho. A suma sacerdotisa suspende o cálice no alto sobre o caldeirão com ambas as mãos e o sumo sacerdote se ajoelha diante dela, toma seu athame ou punhal cerimonial na mão direita e o mergulha no vinho. A suma sacerdotisa toma um pouco de vinho e oferece o cálice ao sumo sacerdote, que também toma um gole e o passa aos demais membros do conventículo, para que todos bebam. O último bruxo devolve o cálice à suma sacerdotisa que bebe o que resta na taça.

Nesse momento, todos os bruxos elevam seus athames e os apresentam aos quatro pontos cardeais, começando no norte, que representa a Terra e seu elemento. Enquanto fazem isto, o sumo sacerdote dá graças aos deuses por ter assistido ao ritual e lhes dá permissão de deixar o círculo. Então todos festejam como sempre, comendo as oferendas do festival, tomando vinho, dançando e jogando.

# 3

# A importância da Lua

Antes de descrever a cerimônia principal de Wicca, é preciso falar um pouco da importância das fases da Lua na Bruxaria e em toda a magia. Como todos sabemos, a Lua se divide em Lua Crescente e Lua Minguante. A Lua Crescente começa com a Lua Nova e culmina com a Lua Cheia. A Lua Minguante inicia com a Lua Cheia e termina com a Lua Nova. O período de Lua Nova a Lua Nova dura aproximadamente 28 dias e cada um desses dias é conhecido como uma mansão lunar. Os 28 dias do ciclo lunar são conhecidos em Wicca e na prática da magia em geral como as 28 Mansões da Lua.

Enquanto viaja pelo espaço girando em torno da Terra, a Lua passa por 12 signos zodiacais, permanecendo em torno de $2^1/2$ dias em cada um deles. A influência da Lua em cada signo afeta a Terra e os seres humanos profundamente e ninguém conhece isso melhor que Wicca. Por isso, os bruxos observam cuidadosamente as chamadas "marés lunares", que marcam os signos onde a Lua está a cada dia. A Lua no signo de Libra, por exemplo, é usada para praticar rituais e feitiços amorosos, já que Libra é o signo que rege o amor e o casamento. Se o que se deseja é dinheiro, espera-se até que a Lua esteja no signo de Leão ou Sagitário. Para negócios, a Lua deve estar em Virgem ou Capricórnio. Para a saúde, em Leão. Naturalmente, é preferível que a Lua esteja crescente no signo escolhido porque está mais iluminada. Em Wicca não se usa a Lua Minguante para rituais ou feitiços positivos, mas para fazer rituais de limpeza ou de controle sobre inimigos.

Em seu movimento mensal, a Lua passa por quatro etapas: primeiro quarto crescente, segundo quarto crescente, terceiro quarto minguante e quarto ou último quarto minguante.

**O primeiro quarto crescente** começa na Lua Nova, quando o Sol e a Lua estão em conjunção, isto é, ambos estão no mesmo signo e no mesmo grau. A Lua não é visível nesse dia porque se eleva no firmamento à mesma hora que o Sol. Usa-se o período da Lua Nova para empreender ações novas, projetos que favoreçam o crescimento e a expansão de idéias e de atividades sociais.

**O segundo quarto crescente** começa na mesma metade entre a Lua Nova e a Lua Cheia, quando o Sol e a Lua estão a 90 graus um do outro. Esta meia Lua sai em torno das doze horas do dia e se põe em torno da meia-noite. Por isso, pode-se vê-la no céu ocidental durante as primeiras horas da noite. O segundo quarto crescente também é uma época de crescimento e expansão e é usado para adiantar atividades já começadas.

**O terceiro quarto minguante** começa na Lua Cheia, quando o Sol está diretamente oposto à Lua e seus raios iluminam totalmente a esfera lunar. Pode-se ver a Lua Cheia elevando-se no Leste ao pôr-do-sol. Depois dessa etapa, surge cada vez mais tarde a cada noite. A noite da Lua Cheia dura 24 horas e é símbolo de iluminação, da culminação do que se planejou e do que se deseja obter. É a noite preferida de Wicca para realizar grandes rituais e feitiços devido à grande abundância de luz lunar disponível para assuntos mágicos. Porém a Lua Cheia é também uma etapa em que as emoções são mais difíceis de controlar, em que há mais inquietação e em que toda ação impulsiva resulta em derrota. Muitos distritos policiais ficam de prontidão nessas noites porque muitos crimes e atos violentos são cometidos nessa fase lunar. Por isso, é necessário ter muito controle sobre toda magia praticada nessa noite. O terceiro quarto minguante é uma época de maturidade, de fruição, e a forma mais completa de toda expressão, tanto mental como material. Muitos bruxos com experiência trabalham certas magias no terceiro quarto minguante.

O **quarto ou último quarto minguante** começa na mesma metade do ciclo entre a Lua Cheia e a Lua Nova, quando o Sol e a Lua estão novamente a 90 graus de distância, porém formando uma quadradura. Por esse motivo, essa época não é utilizada em Wicca para trabalhos mágicos positivos, como amor e dinheiro. A Lua do último quarto minguante começa a levantar-se no firmamento à meia-noite e pode ser vista no leste do céu dessa hora em diante. Essa Lua alcança o zênite, ou o centro do firmamento, quando o Sol começa a surgir pela manhã. O período do último quarto minguante é uma época de desintegração, de reflexão e reorganização. Não é tempo de agir em nenhum nível.

A noite antes da Lua Nova, momento em que a Lua está mais escura, é conhecida na prática da magia como a noite da Lua Negra. É uma noite tenebrosa, em que é preferível ficar em casa e não sair à rua, a não ser que seja absolutamente necessário. Há muitas forças negras pululando pela Terra nessa noite e suas influências podem ser altamente destrutivas. Foi precisamente numa noite de Lua Negra, 24 horas antes da Lua Nova, que a princesa Diana da Inglaterra morreu num acidente de carro. Diana pertencia ao signo de Câncer, que é regido pela Lua, e seu nome, Diana, era o nome que os antigos romanos davam à Lua. Por esta dupla razão, a princesa Diana era mais suscetível às mares lunares que outras pessoas. As influências lunares negativas dessa noite intensificaram muito as condições dessa grande tragédia.

Apresento a seguir uma descrição da Lua nos doze signos zodiacais e o que ela influencia nesses dias:

**Lua em Áries:** esses dias são excelentes para começar coisas novas, mas de curta duração, por causa do fogo tempestuoso de Áries. Nessa aspectação lunar, as coisas acontecem rapidamente, mas também terminam com a mesma rapidez.

**Lua em Touro:** tudo o que começa durante este aspecto é o que mais duração e estabilidade tem. Os negócios, especialmente, tendem a aumentar de valor quando se começa com a Lua em Touro. Esta Lua afeta fortemente o dinheiro e todas as questões relacionadas com finanças, e sua influência pode ser positiva ou negativa dependendo de se a Lua está crescente ou minguante.

**Lua em Gêmeos:** este aspecto lunar afeta os documentos, os contratos, os estudos e as comunicações. Se a Lua está crescente, a influência é positiva; se está minguante, é negativa. Durante esta aspectação, fala-se muito, mas consolida-se pouco. Há muitas influências externas afetando todos os acontecimentos.

**Lua em Câncer:** afeta as mulheres, a família, a mãe e as viagens, de forma positiva ou negativa, dependendo da posição da Lua, crescente ou minguante. A Lua em Câncer estimula a comunicação e as emoções entre as pessoas, tornando-as mais afetivas. Torna as necessidades humanas mais óbvias e sensíveis e nutre o crescimento emocional.

**Lua em Leão:** afeta os romances, as crianças e os entretenimentos, que podem ser positivos se a Lua está crescente ou negativos se está minguante. Neste aspecto lunar, as pessoas estão mais propensas aos afagos, a ser o centro das atenções e a ser melodramáticas em suas ações. Há mais desejo de sair para divertir-se e assistir a peças teatrais.

**Lua em Virgem:** afeta a saúde, as dietas e a organização meticulosa no lar e nos negócios, de forma positiva se está crescente e negativa se está minguante. Há mais atenção aos detalhes e maior tendência ao perfeccionismo. As pessoas tendem a ser mais ditatoriais, e a independência de ação ou de palavra não é bem tolerada no trabalho ou em casa.

**Lua em Libra:** afeta os amores, o casamento, os sócios, as artes e os prazeres de forma positiva se está crescente e negativa se está minguando. As pessoas estão mais conscientes de si mesmas e de suas ações. Este aspecto favorece a autodiscriminação e a interação com outras pessoas, porém não é favorável para a iniciativa espontânea.

**Lua em Escorpião:** afeta a sensualidade do ser humano, induz ao ciúme e à desconfiança. Essas influências são menos intensas se a Lua está crescente, mas aumentam se está minguando. Por outro lado, a Lua Crescente em Escorpião é excelente para o desenvolvimento do psiquismo no ser humano. Uma das influências mais drásticas é a sua tendência a terminar relações. Toda relação que termina com a Lua em Escorpião é uma ruptura permanente. Por isso, é aconselhável evitar discussões ou confrontos durante este aspecto Lunar.

**Lua em Sagitário:** este aspecto traz abundância, prosperidade, dinheiro e expansão, se a Lua está crescente; produz restrições financeiras, se está minguante. A Lua em Sagitário afeta os chefes no trabalho, juízes, diretores de banco e pessoas com autoridade ou posições de poder, os quais tendem a ser generosos, se a Lua está crescente, e muito negativos, se está minguando nesse signo. A Lua em Sagitário inclina à expansão, dá vôo à imaginação e à confiança em si mesmo.

**Lua em Capricórnio:** afeta a agricultura, os idosos, as heranças e o emprego de forma positiva, se está crescente, e negativa, se está minguante. Este aspecto lunar inclina ao pessimismo, à cautela e à necessidade de planejar toda ação meticulosamente. As pessoas tendem a ser mais disciplinadas e a se organizarem melhor com a Lua em Capricórnio. Não assumem riscos desnecessários e calculam cuidadosamente toda decisão importante.

**Lua em Aquário:** este aspecto lunar é diametralmente oposto ao da Lua em Capricórnio. A tendência é para a excentricidade, para tudo o que é novo e inovador. É uma época durante a qual se realizam ações impulsivas, sem considerar seus possíveis resultados. Aquário é um signo explosivo e volátil, já que rege a tecnologia e a bomba atômica. A Lua, sendo volúvel e variável, multiplica essas tendências, tornando este período muito perigoso se não se mantém o controle de todas as ações. Naturalmente, a posição da Lua afeta duplamente esta aspectação, fazendo com que seja duplamente explosiva, quando minguante.

**Lua em Peixes:** este aspecto predispõe ao misticismo, à meditação e à introspecção. Também induz a excessos em bebidas e drogas, e por isso é importante controlar-se ao máximo nesses dias e evitar o excesso de álcool e toda droga. As pessoas tendem a ser mais sensíveis que habitualmente, mais propensas ao idealismo e à espiritualidade. Os sonhos que se tem nesses dias são muitas vezes proféticos. Peixes é um signo suscetível, freqüentemente explorado e utilizado pelos outros. Por esta razão, quando a Lua está em Peixes é importante evitar pessoas explosivas e adiar empréstimos até que a Lua saia desse signo e a mente esteja mais clara e centralizada no mundo material. A Lua Minguante neste signo duplica essas influências.

Para saber em que signo a Lua está em determinado dia do mês e quando está minguando ou crescendo, é necessário ter sempre à mão um almanaque astrológico que forneça essas informações.

Como mencionei anteriormente, a Lua permanece em torno de 2 1/2 dias em cada signo, o que permite atrasar decisões importantes que afetam situações específicas até que a Lua esteja crescente no signo adequado. Os bruxos só realizam suas magias quando a Lua está no signo que rege a magia que desejam fazer.

Outro aspecto lunar de grande importância na magia é a época quando se diz que a Lua "cai no vazio". Também essa informação deve constar do almanaque astrológico. Quando a Lua está no vazio, não se deve começar nada de novo, porque nunca chega a se realizar. A Lua cai no vazio quando forma o último aspecto com um dos planetas que está no signo que ela visita. Desse momento até a saída da Lua desse signo para entrar no próximo, diz-se que a Lua está no vazio, ou seja, não tem trajetória. Por exemplo, se a Lua forma um trígono ou uma quadratura com o planeta Mercúrio no signo de Câncer, e este é o último aspecto que forma no signo de

Câncer, sai de curso nesses momentos e cai no vazio. E continua no vazio até sair de Câncer para entrar no próximo signo que é Leão. Isto geralmente dura apenas algumas poucas horas, porém essas horas são de suma importância em toda ação humana e especialmente na prática da magia, já que durante essas horas a Lua não tem direção e tudo o que se faça ou comece nesse período é inútil ou infrutífero. Esta é uma das razões por que muitas magias são ineficazes. Se a pessoa que realiza o trabalho mágico não tem conhecimentos suficientes sobre as chamadas "marés lunares", incluindo a Lua no vazio, vai sentir-se frustrada quando sua "magia" não der resultado. Nos casos em que se queira realizar rituais e cerimônias de invocação ou evocação, quando se chama um espírito para que se materialize diante da pessoa, é também indispensável observar o signo em que está o Sol e os aspectos entre planetas para que a cerimônia seja eficaz.

A posição da Lua e seus aspectos são de importância fundamental em Wicca. Nenhuma cerimônia ou feitiço é realizado sem antes calcular a influência lunar e planetária.

# A CERIMÔNIA DE WICCA E O GRANDE RITO

A primeira coisa que um bruxo aprende em Wicca é traçar e consagrar o círculo mágico, que serve não somente como proteção contra forças negras, mas também como ajuda na concentração durante os rituais. Para traçar e consagrar o círculo, o bruxo precisa de vários instrumentos: o punhal cerimonial, conhecido como athame; o pentáculo, que é um disco que pode ser de cobre, de madeira ou de prata, com uns 15 cm de diâmetro, inscrito com vários símbolos de Wicca; sal, de preferência desiodado; um pequeno recipiente de água com aspersório; um incensório com carvões e incenso e quatro castiçais com velas brancas.

As dimensões ideais do círculo mágico são de 2,70 m de diâmetro, mas essa medida pode ser alterada se o grupo for muito grande ou se a prática for feita ao ar livre. Qualquer integrante do conventículo pode traçar o círculo, embora essa seja geralmente tarefa da suma sacerdotisa.

Os quatro castiçais são colocados nos 4 pontos cardeais. Se a cerimônia é realizada num recinto fechado, apagam-se todas as luzes e o círculo é iluminado apenas pelas velas. O altar, que consiste em uma mesa com duas velas brancas, é posto no norte da sala porque os bruxos trabalham sua magia nesse ponto cardeal, símbolo do elemento terra. Por essa razão, Wicca é conhecida como uma religião da Terra.

O incenso é aceso e colocado sobre o altar. Nesse momento a suma sacerdotisa consagra a água. Para isto, coloca o recipiente com água sobre o pentáculo, mergulha a ponta do athame no líquido e diz:

> *Exorcizo-te, criatura de água, para que fiques livre de toda*
> *impureza e de toda escuridão criada pelos espíritos do*
> *mundo dos fantasmas, em nome de Arádia e de Karnaína.*

Em seguida, põe a água de lado e joga um pouco de sal sobre o pentáculo. Põe a ponta do athame em contato com o sal e diz:

> *Bendita seja esta criatura de sal. Que toda*
> *maldade e obstáculo sejam banidos daqui neste*
> *momento e só coisas boas possam entrar.*
> *Lembrai sempre que a água purifica o corpo e*
> *o chicote depura a alma. Por isso te bendigo*
> *para que me assistas em meu ritual, em nome*
> *de Arádia e Karnaína.*

Depois de exorcizar o sal, a suma sacerdotisa o joga na água, que passa a ser considerada benta. Em seguida aponta o athame para o norte e começa a movimentar-se para a direita, traçando um círculo invisível no ar de norte a leste, de leste a sul, de sul a oeste e de oeste novamente a norte para fechar o círculo. Este movimento para a direita imita o movimento do Sol e dos ponteiros do relógio. É conhecido como "deosil" e é sempre usado na magia branca. O movimento para a esquerda é conhecido como "widdershins" e é usado geralmente em cerimônias de magia negra, embora às vezes também em rituais de magia branca por razões especiais. Depois de traçado o círculo, ninguém dentro dele deve movimentar-se para a esquerda.

Enquanto traça o círculo, a suma sacerdotisa diz:

> *Eu te conjuro, círculo de poder, para que sejas uma*
> *barreira entre o mundo material e o mundo espiritual,*
> *um guardião e protetor que há de preservar e conter todo*

*o poder que temos de criar em teu interior. Por isso*
*te consagro e bendigo.*

Quando a sacerdotisa começa a traçar o círculo com o athame, forma com este no ponto nordeste, entre o norte e o leste, uma porta invisível para que os demais membros do conventículo possam entrar no círculo após a sua consagração. Depois de todos entrarem, ela sela essa porta astral para que o círculo fique fechado.

Imediatamente depois de traçar o círculo, a suma sacerdotisa começa a purificá-lo aspergindo-o com a água salgada de norte a norte. Em seguida passa o incensório, e depois a vela, sempre de norte a norte, ao redor de todo o círculo. Essa cerimônia purifica o círculo com os 4 elementos: água, terra (o sal), ar (o incenso) e fogo (a vela).

Depois de purificar o círculo, a suma sacerdotisa se posiciona no leste e com a ponta do athame traça um pentagrama ou estrela de 5 pontas no ar. Há várias formas de traçar o pentagrama: de cima para baixo, de baixo para cima, da direita para a esquerda, e da esquerda para a direita, como se pode ver no diagrama. Cada uma dessas formas está associada com os 4 elementos: terra, ar, fogo e água, além do quinto elemento, que é o éter ou espírito. Este quinto elemento é também conhecido na magia cerimonial como akasha. Há dois tipos de pentagrama, o de invocação e o de finalização. A suma sacerdotisa usa o pentagrama de invocação para começar as cerimônias e traçar o círculo. O pentagrama de finalização é usado para apagar o círculo ao término da cerimônia. Como mencionei anteriormente, o pentagrama é um acréscimo novo e provém da magia cerimonial baseada em ensinamentos cabalísticos. (Ver figura na página 55.)

A suma sacerdotisa se põe de frente para o leste, aponta o athame para a frente e diz:

*Senhores das Torres do Leste, convido-vos e conjuro-vos*
*a serdes testemunhas do meu ritual e vigias do círculo.*

Enquanto diz essas palavras, traça no ar o pentagrama de invocação do elemento terra, de cima para baixo. Depois aponta o athame para o centro do pentagrama invisível, beija a lâmina do punhal e o coloca sobre o coração.

Em seguida, movimenta-se para o sul e diz:

> *Senhores das Torres do Sul, convido-vos e conjuro-vos*
> *a serdes testemunhas do meu ritual e vigias do círculo.*

Caminhando até o oeste, repete:

> *Senhores das Torres do Oeste, convido-vos e conjuro-vos*
> *a serdes testemunhas do meu ritual e vigias do círculo.*

Por fim, diante do norte, invoca novamente:

> *Senhores das Torres do Norte, convido-vos e conjuro-vos*
> *a serdes testemunhas do meu ritual e vigias do círculo.*

### Símbolo de Wicca

*Invocação*  *Finalização*  *Invocação*  *Finalização*

**Terra**                    **Fogo**

**Ar**                    **Água**

**Espírito ativo**              **Espírito passivo**

---

\* Pentagrama dos 4 elementos (terra, ar, fogo e água), além do quinto elemento espírito (éter, akasha).

Em cada ponto cardeal, traça o mesmo pentagrama de invocação do elemento terra com o athame, apontando para o centro, beijando a lâmina e colocando-a sobre o peito. Os Guardiães das Torres são espíritos de grande poder, associados aos anjos. Os pentagramas são traçados no leste porque todos os espíritos de luz são invocados começando deste ponto cardeal. Quando a invocação se faz desde o oeste, as forças invocadas são sempre negras. De modo que o círculo é traçado de norte a norte porque a cerimônia de Wicca é realizada no mundo material, a Terra, identificada com o norte; os espíritos, porém, são sempre invocados de leste a leste.

Antes de invocar os Senhores das 4 Torres, a suma sacerdotisa convida os demais integrantes do conventículo para o interior do círculo mágico, depois do que o fecha imediatamente com a ponta do athame.

O primeiro a entrar no círculo é o sumo sacerdote, a quem a suma sacerdotisa beija na face esquerda e o gira colocando-o às suas costas. Em seguida entram os demais membros do conventículo. O sumo sacerdote beija as mulheres na face e a suma sacerdotisa saúda os homens da mesma maneira. Quando estão todos dentro do círculo, a suma sacerdotisa passa a invocar os Guardiães das 4 Torres com a ajuda do pentagrama. Cada membro do conventículo tem o seu athame e todos o levantam ao alto cada vez que a suma sacerdotisa invoca os Guardiães.

Depois da invocação dos 4 Guardiães, o sumo sacerdote começa a "Baixar a Lua" sobre a suma sacerdotisa. A lua neste caso é a Grande Deusa, ou Mãe Cósmica.

A suma sacerdotisa posta-se no ponto norte na "posição do deus".

Nessa posição, ela mantém os pés juntos e os braços cruzados sobre o peito. Segura numa das mãos o athame e na outra o chicote ritual. O sumo sacerdote lhe dá o Beijo Quíntuplo, ajoelha-se diante dela e diz:

> *Eu te invoco e te chamo, Poderosa Mãe de Todos,*
> *que dás o presente da fertilidade em semente, em raiz,*
> *em botão e caule; em folha, flor e fruto. Pela vida e*
> *pelo amor peço que desças no corpo desta*
> *que é tua serva e sacerdotisa.*

O sumo sacerdote e os homens presentes beijam a suma sacerdotisa na face direita. As mulheres lhe fazem uma reverência, passando na frente dela uma por uma. Com o athame, a suma sacerdotisa traça na sua frente o pentagrama de invocação da Terra dizendo:

*Da Mãe Obscura e Divina meu é o chicote*
*de purificação e meu o beijo, minha a estrela de 5 pontas*
*de amor e êxtase. Com este sinal vos ordeno.*

Nesse momento, ela assume a "posição da Deusa". Nessa posição, abre os braços para os lados e afasta também os pés, formando um pentagrama ou estrela com o corpo.

O sumo sacerdote diz:

*Ouvi as palavras da Grande Mãe, que na*
*antiguidade foi conhecida por muitos nomes:*
*Ártemis, Astarte, Dione, Melusina, Afrodite, Diana,*
*Cerridwen, Dana, Arianrod, Ísis e muitos outros.*
*Em seus altares os jovens de Lacedemônia, em Esparta,*
*ofereceram os sacrifícios apropriados.*

Nesse momento a suma sacerdotisa recita o Mandato da Deusa, que veremos em seu todo no próximo capítulo, junto com as runas.

Quando a suma sacerdotisa termina de recitar o Mandato, o conventículo começa a levantar o cone do poder. Para isso, todos se põem em círculo alternando homens e mulheres, de mãos dadas. A suma sacerdotisa e o sumo sacerdote também fazem parte desse círculo. Todos começam a caminhar, inicialmente devagar e em seguida cada vez mais rápido, até correr, sempre recitando as runas, gerando assim muita energia. Enquanto correm, recitam a última parte da runas:

*Eko, eko, azarak*
*Eko, eko, zamilak*
*Eko, eko, Karnayna*

*Eko, eko, Aradia*
*Bezabi, lacha, bachababa*
*Lamach, caji, achababa*
*Karrelos, caji, achababa*
*Lamach, lamach, bachabarous*
*Carbajayi, sabalios, Barilos*
*Lazos, atame, caliolas*
*Samajac, et famiolas*
*Jarrajaia!*

Quando julga que se criou energia suficiente e que o grande cone do poder se elevou no centro do círculo, a suma sacerdotisa detém o conventículo com o último grito de:

*Jarrajaia!*

Nesse momento todos passam a utilizar as energias do cone para realizar o trabalho mágico da noite que pode consistir em feitiços, visualizações, curas ou na magia favorita dos bruxos, a magia do cordão mágico, que estudaremos num próximo capítulo.

Se nessa noite celebra-se um Sabá ou grande festival, insere-se a cerimônia desse Sabá depois da recitação do Mandato. Em seguida, levanta-se o cone do poder com as runas.

Depois de terminar os trabalhos mágicos, todos se sentam ao redor do círculo para desfrutar os biscoitos, frutas e vinho que ficaram sobre o altar.

Antes de tomar o vinho e comer as oferendas, a suma sacerdotisa os consagra e purifica. Para isso, ela se põe novamente na posição do deus, pés unidos, braços cruzados sobre o peito, o athame na mão direita e o chicote na esquerda. O sumo sacerdote beija seus pés e joelhos e se ajoelha com a cabeça inclinada diante dela. Enche então com vinho tinto doce o cálice ritualístico que um dos bruxos põe em suas mãos e o eleva diante da suma sacerdotisa, sempre com a cabeça baixa. Esta mergulha a ponta do athame no cálice e diz:

> *Como o athame representa o homem, assim a taça*
> *representa a mulher, e juntos trazem a felicidade.*

A suma sacerdotisa toma um pouco de vinho, entrega o cálice ao sumo sacerdote, que dele também bebe e que o passa aos demais membros do conventículo. Todos tomam um pouco dele e o devolvem à suma sacerdotisa que toma o que resta do vinho.

O sumo sacerdote apresenta à suma sacerdotisa o pentáculo onde os biscoitos foram dispostos em pequenos montes. Ao apresentar o pentáculo, diz:

> *Ó deusa, a mais secreta, abençoa estas oferendas em nossos*
> *corpos, dando-nos energia, força e poder, paz e alegria e*
> *esse amor que é a perpétua felicidade do ser humano.*

A suma sacerdotisa toca a oferenda com a ponta do athame para benzê-la. Então come um biscoito. O sumo sacerdote come outro e passa o restante aos demais membros do concílio. Se houver mais biscoitos e frutas, todos são consagrados da mesma maneira. Em seguida, jogam-se os jogos da noite e no final a suma sacerdotisa reúne o conventículo no círculo e faz a despedida dos 4 Guardiães das Torres usando o pentagrama de finalização do elemento terra, traçando o pentagrama agora de baixo para cima. Quando traça o pentagrama do leste, diz:

> *Senhores das Torres do Leste, dou-vos graças por*
> *vossa presença nesta cerimônia e antes que partais para*
> *vossas formosas mansões digo-vos Adeus e Até Logo.*

Depois de traçar o pentagrama, aponta para o centro, beija a lâmina e a coloca sobre o coração. O conventículo acompanha os seus movimentos com os seus athames. Essas mesmas palavras são repetidas com o pentagrama nos outros três pontos cardeais, porém saudando o Guardião de acordo com o ponto que lhe corresponde.

Em seguida, passa a ponta do athame em círculo de norte a norte, novamente dizendo:

*Este círculo se desfaz e o ritual está terminado.*

As velas são apagadas na mesma ordem em que foram acesas. Em seguida, apagam-se as velas do altar e se acendem as luzes do recinto. A suma sacerdotisa toca a sineta ritualística 10 vezes e todos batem com o pé no chão também 10 vezes para marcar a volta ao mundo material. A água que sobra e as cinzas do incenso são escoadas por um sumidouro. As velas são guardadas para uso em outra ocasião. Cada bruxo recolhe os seus instrumentos de ritual e todos se beijam na face, dizendo:

*Felizes nos encontramos e felizes nos despedimos.*
*Bendito seja.*

Este é o fim da principal cerimônia de Wicca, que é celebrada em cada Esbá e Sabá.

## O Grande Rito

Esta cerimônia é secreta, muito antiga, e raramente celebrada nos tempos modernos. Consiste no ato sexual entre o sumo sacerdote e a suma sacerdotisa, que freqüentemente são marido e mulher, ou entre um dos casais de bruxos que fazem parte do conventículo. O Grande Rito nunca é celebrado em público, e sim privadamente, depois de terminada a cerimônia. Nos tempos antigos, era realizado para ratificar um ato mágico de grande importância, unindo assim os elementos masculino e feminino representados por Arádia e Karnaína. É uma cerimônia semelhante à do Tantra Ioga e é considerada um ato de amor universal entre dois seres de grande espiritualidade que se amam profundamente. Porém na maioria dos conventículos modernos, onde o sumo sacerdote e a suma sacerdotisa não são cônjuges, o Grande Rito nunca é realizado. Muitos bruxos modernos o julgam desnecessário já que o trabalho em grupo é suficientemente dinâmico para dispensar a energia sexual dos participantes. O Grande Rito é aqui mencionado porque antigamente fazia parte de Wicca e hoje pertence à sua história e tradição.

# As runas e o mandato

Como vimos no capítulo anterior, as runas talvez sejam a parte mais importante da cerimônia principal de Wicca, durante a qual os bruxos levantam o cone do poder. Na seqüência, as runas de Wicca.

## Runas

> Noite escura, clara Lua,
> escutai de mim as runas.
> Do leste ao sul, do oeste ao norte,
> Vinde, vinde à minha corte.
>
> Terra, água, ar e fogo,
> com poder e potestade
> invoco-vos e ordeno-vos
> que façais a minha vontade.
>
> Pelos poderes da terra e do mar,
> obedecei-me, fora o mal.
> Varinha, pentáculo e espada,
> dentro tudo, fora nada.

*Cordão, incenso e meu punhal,*
*trazei-me força, da luz o brilho.*
*Poderes todos desta minha lâmina,*
*o mal expulsai, o bem escolhei.*

*Rainha do dia e da noite,*
*a esta minha magia põe teu fecho.*
*E tu, que caças no mangue,*
*dá a tua força ao meu ritual.*

*Pelos poderes da Lua e do Sol,*
*eu sempre venço com coragem.*
*Pelos poderes da terra e do mar,*
*o que eu desejo há de acontecer.*

*Por minha força e meu direito,*
*O feitiço já está feito.*

*Eko, eko, azarak.*
*Eko, eko, zamilak.*
*Eko, eko, Karnayna.*
*Eko, eko, Aradia.*
*Bezabi, lacha, bachababa.*
*Lamach, caji, achababa.*
*Karrelos, caji, achababa.*

*Lamach, lamach, bacharous.*
*Carbajayi, sabalios, Barilos.*
*Lazos, atame, caliolas.*
*Samajac et famiolas.*
*Jarrajaia!*

Os versos que começam com *Eko, eko, azarak* e terminam com *Jarra-jaia* são repetidos várias vezes enquanto os bruxos correm ao redor do círculo para levantar o cone do poder. A suma sacerdotisa decide quando vão terminar as runas, recitando o último "Jarrajaia". As runas se repetem alternando em voz alta e em voz baixa. É a parte mais impressionante da cerimônia de Wicca. Muitas pessoas dizem ter visto o cone do poder elevar-se como uma pirâmide no centro do círculo durante o canto das runas.

## O mandato

*O mandato* é um chamado da Grande Deusa ou Deusa Branca, identificada com a Lua, com a Natureza e com a Mãe Cósmica. Através do mandato, a Grande Deusa ensina aos bruxos, seus filhos, a forma perfeita de adorá-la e render-lhe culto. O mandato sempre faz parte da cerimônia tradicional de Wicca e é pronunciado pela suma sacerdotisa, que representa a Grande Deusa. Antes de pronunciar o mandato, pede-se à Deusa que desça e se apposse da suma sacerdotisa. Esta invocação, como vimos no capítulo anterior, é conhecida como "Baixar a Lua", que simboliza a Grande Deusa. O sumo sacerdote presta assistência à suma sacerdotisa durante este impressionante ritual. A seguir, o formato do mandato.

> **Sumo sacerdote**: Escutai agora as palavras da Grande Mãe, que na antiguidade foi conhecida entre os homens como Ártemis, Astarte, Atena, Dione, Melusina, Afrodite, Cerridwen, Diana, Arianrod, Ísis e muitos outros nomes. Em seus altares, a juventude da Lacedemônia, em Esparta, lhe ofereceu os sacrifícios apropriados.

> **Suma sacerdotisa**: Quando tiveres necessidade de algo, uma vez ao mês e de preferência na Lua Cheia, reunir-vos-eis num lugar secreto e adorareis meu espírito, pois sou a rainha de todos os bruxos. Aí vos congregareis, todos vós que desejais aprender todo feitiço, mas que ainda não conheceis os seus mais profundos segredos. E vos ensinarei coisas que ainda são desconhecidas.

E sereis livres de toda escravidão; e dançareis, cantareis, e fareis festas, músicas e amor em meu nome. Porque meu é o êxtase do espírito e minha é também a alegria na Terra. E minha lei é o amor para toda criatura. Mantende puro vosso mais alto ideal; lutai sempre para obtê-lo, não permitais que nada vos detenha nem vos desvie porque minha é a porta secreta que leva à juventude e minha é a taça de vinho da vida e o caldeirão de Cerridwen, que é o Santo Graal da imortalidade. Eu sou a Deusa gentil que concede o dom da felicidade ao coração humano. Na Terra, sou a que dá o conhecimento do espírito eterno; e mais além da morte, sou a que dá a paz, a libertação e o reencontro com os que partiram primeiro. Não exijo sacrifícios porque sou Mãe de todo ser vivente e o meu amor se derrama sobre a Terra.

**Sumo sacerdote**: Escutai as palavras da Deusa Estrela; Ela, aos pés de quem se prostram as hostes celestiais e cujo corpo circunda todo o universo.

**Suma sacerdotisa**: Eu sou a beleza da Terra verde; a Lua branca entre as estrelas; o mistério das águas; o desejo no coração humano. Chamai a minha alma; levantai e vinde a mim, pois sou a alma da natureza e dou vida ao universo. De mim todas as coisas procedem e a mim todas as coisas hão de retornar. Ante meu rosto, bem-amado dos deuses e dos homens, deixai que a divindade do vosso ser seja envolvida no êxtase do infinito. Permiti que a adoração ao meu espírito vibre em vossos corações porque todos os atos de amor e de prazer são meus rituais. Portanto, permiti que haja beleza, força, poder, compaixão, honra, humildade, alegria e reverência em vosso ser. E aqueles de vós que credes que podeis buscar-me, aprendei que toda a vossa busca e anelo serão vãos até não conhecerdes o grande mistério: que se aquilo que buscais não encontrais dentro de vós mesmos, nunca o encontrareis fora de vós. Porque é aqui que tenho estado convosco desde o princípio e sou aquilo que se alcança no fim do desejo.

# As iniciações

Todo aspirante a bruxo tem de ser iniciado nos segredos da religião. Wicca tem três iniciações tradicionais: primeiro, segundo e terceiro grau, que é a mais alta das iniciações. Quando um bruxo alcança o terceiro grau, ele pode abandonar o conventículo e criar o seu próprio círculo com outros bruxos, se assim o desejar. Só os iniciados do terceiro grau podem aspirar ao título de sumo sacerdote ou de suma sacerdotisa.

## Iniciação do Primeiro Grau

Esta é a primeira iniciação que o aspirante a bruxo recebe. Ao recebê-la, ele passa a ser considerado membro desse conventículo e deve sempre render homenagem ao sumo sacerdote e à suma sacerdotisa que o dirigem.

Durante a iniciação do primeiro grau, só o aspirante a bruxo, o sumo sacerdote e a suma sacerdotisa estão presentes no recinto onde a iniciação será realizada. Às vezes a donzela, que é a assistente da suma sacerdotisa, também está presente durante a cerimônia. Os demais membros do conventículo esperam o término da iniciação num espaço separado.

A iniciação começa com a cerimônia principal de Wicca, descrita no capítulo 4. Depois de receber o banho ritualístico, o aspirante entra no círculo pela porta astral que a suma sacerdotisa traçou no nordeste do círcu-lo. Na maioria dos conventículos o aspirante entra no círculo nu, embora haja os que permitem à pessoa estar vestida, geralmente com uma túnica preta. O aspirante também está com os olhos vendados.

A suma sacerdotisa toca o peito do aspirante com a ponta do athame e diz:

> *Tu que estás de pé no umbral entre o mundo*
> *material e o mundo dos temidos Senhores dos espaços*
> *astrais, tens coragem de submeter-te à prova?*

O aspirante responde:

> *Tenho.*

A suma sacerdotisa continua:

> *Porque em verdade te digo que melhor seria que te*
> *atirasses sobre a ponta do meu punhal do que dar*
> *esse passo com temor no coração.*

O aspirante responde:

> *Tenho duas senhas.*

A suma sacerdotisa:

> *Quais são as duas senhas?*

O aspirante:

> *Amor perfeito e confiança perfeita.*

A suma sacerdotisa:

*Os que trazem essas senhas são duplamente
bem-vindos. E dou-te uma terceira para
introduzir-te no círculo.*

Ao dizer estas palavras, a suma sacerdotisa lhe dá um beijo rápido nos lábios e o guia ao sul do círculo onde amarra um cordão no tornozelo direito do aspirante, dizendo:

*Os pés não estão livres nem atados.*

Em seguida toma outro cordão, bem mais comprido, e amarra as mãos do aspirante nas costas. Sobe o cordão, envolve com ele o pescoço do aspirante, onde o amarra e deixa cair o restante sobre o peito.

Esta é a parte da iniciação que requer a confiança máxima do aspirante na suma sacerdotisa e no sumo sacerdote, já que está vendado, as mãos atadas nas costas e o cordão amarrado ao redor do pescoço. Estaria praticamente impossibilitado de defender-se se as duas pessoas a quem confiou sua vida decidissem fazer-lhe algum dano físico. Por isso, as duas senhas são: "Amor perfeito e confiança perfeita." O aspirante tem confiança perfeita de que a cerimônia de que está participando é uma prova de amor e não de tortura.

A suma sacerdotisa toma o athame na mão direita e com a esquerda toma o cordão que pende sobre o peito do aspirante e por ele o conduz ao leste do círculo. Aponta o athame para cima e diz:

*Observai, Senhores das Torres do Leste, que este
aspirante (menciona o nome) foi devidamente preparado
para ser iniciado como bruxo (bruxa)
e sacerdote (sacerdotisa).*

A suma sacerdotisa repete as mesmas palavras no sul, no oeste e no norte, mas invocando os Guardiães desses pontos cardeais, sempre conduzindo o aspirante até cada ponto cardeal pelo cordão. Em seguida, envolve a cintura do aspirante com o braço esquerdo e corre com ele (deosil) três vezes ao redor do círculo. Novamente no leste, a suma sacerdotisa toca a sineta 11 vezes e diz:

Em outras religiões o aspirante se ajoelha, enquanto o sacerdote que o inicia está de pé diante dele. Mas na Arte Mágica aprendemos a ser humildes e é o sacerdote ou sacerdotisa quem se ajoelha e diz:

*Benditos sejam teus pés que te trouxeram a este caminho.*
*(Aqui a suma sacerdotisa se ajoelha e*
*beija os pés do aspirante.)*

*Benditos sejam teus joelhos que te permitem ajoelhar-te*
*diante do altar. (Beija-lhe os joelhos.)*

*Bendito seja teu ventre, semente da vida.*
*(Beija-lhe o ventre.)*

*Bendito seja teu peito, feito de beleza e poder.*
*(Beija os dois seios.)*

*Benditos sejam teus lábios, que hão de pronunciar os*
*nomes sagrados. (Beija-lhe os lábios.)*

Este é o Beijo Quíntuplo, já visto.
A suma sacerdotisa diz:

*Antes de fazer o teu juramento, estás disposto a fazer*
*a prova e ser purificado?*

O aspirante responde que sim, e nesse momento a suma sacerdotisa lhe tira as medidas mágicas com um cordão vermelho. Primeiro ela lhe mede a cabeça com uma das pontas do cordão e faz neste um nó; a partir desse nó, mede ao redor do peito do aspirante e faz outro nó; desse segundo nó, mede os quadris, fazendo o terceiro nó; por fim, baseada nesse nó, mede a altura do aspirante, fazendo o ultimo nó.

A suma sacerdotisa diz:

> *Na antiguidade, estas medidas eram guardadas pelo*
> *conventículo com mechas do teu cabelo e unhas para*
> *com eles obrigar-te a permanecer em Wicca, mas como*
> *entraste no círculo com amor perfeito e*
> *confiança perfeita, eu te devolvo as tuas medidas.*

Isto dito, ela dobra o cordão várias vezes e o amarra no braço do aspirante. Em seguida amarra-lhe os tornozelos com o cordão que estava solto e o faz ajoelhar-se com a cabeça baixa perto dos joelhos dela. A suma sacerdotisa toca a sineta três vezes com o athame e começa a dar 40 chicotadas nas costas do aspirante. As chicotadas são divididas em 4 grupos: primeiro 3, em seguida 7, depois 9, e por fim 21. O Chicote de Wicca é simbólico e as tiras que o compõem são geralmente de seda e não machucam o aspirante.

Ao terminar as chicotadas rituais, a suma sacerdotisa diz:

> *Passaste pela prova com valentia. Estás disposto*
> *a jurar que serás sempre fiel à nossa Arte, a proteger,*
> *ajudar e defender teus irmãos e irmãs de Wicca?*

O aspirante responde que sim e a suma sacerdotisa continua:

> *Então repete comigo o juramento de Wicca:*
> *Eu (nome do aspirante), na presença dos Seres Poderosos,*
> *por minha própria vontade e decisão, juro solenemente*
> *que sempre guardarei em segredo e nunca revelarei os mistérios*
> *da Arte, exceto às pessoas autorizadas, e devidamente*
> *preparadas, dentro de um círculo como estou hoje.*
> *Tudo isto juro por minhas esperanças de uma próxima vida,*
> *lembrando que minhas medidas foram tomadas e que minhas*

*próprias armas mágicas se voltarão contra mim*
*se eu quebrar este juramento.*

O aspirante repete estas palavras junto com a suma sacerdotisa, a qual o levanta, desata os cordões que o amarravam e lhe tira a venda dos olhos. O iniciado pestaneja diante da luz das velas e vê a suma sacerdotisa sorrir-lhe com doçura. Ela destampa uma pequena garrafa de óleo consagrado que tem nas mãos e traça um triângulo invertido sobre o peito do novo bruxo com um dedo umedecido no óleo. O triângulo é formado pondo uma gota de óleo no lado direito do peito, outra no lado esquerdo e a terceira no abdômen do iniciado. Ao formar o triângulo a suma sacerdotisa diz:

*Consagro-te com óleo.*

Em seguida, começa a formar um segundo triângulo da mesma maneira, porém agora com vinho tinto do cálice, dizendo:

*Consagro-te com vinho.*

Beija então os três pontos do triângulo, dizendo:

*Consagro-te com meus lábios, sacerdote e bruxo.*

O novo bruxo recebe nesse momento as armas mágicas ou instrumentos da sua Arte das mãos da suma sacerdotisa, que lhe diz:

*Entrego-te os instrumentos de trabalho do bruxo.*
*Primeiro a espada mágica, que junto com o athame serve*
*para traçar o círculo, dominar e castigar os espíritos rebeldes.*
*Com ela na mão és o dono do círculo mágico. Em seguida*
*entrego-te o athame, ou punhal de cabo preto. Esta é a arma*
*verdadeira de todo bruxo e tem os mesmos poderes que a espada mágica.*
*Apresento-te também o boline, ou faca de cabo branco, usado para fazer e*
*inscrever os instrumentos da arte e que só pode ser usado nos limites do círculo.*

*E aqui tens a varinha mágica que se usa para controlar
certos gênios ou espíritos com os quais não se pode usar
a espada nem o athame. Apresento-te também o pentáculo, que
tem muitos usos, inclusive o de chamar certos espíritos.
E aqui está o incensório, usado para atrair os bons espíritos e exorcizar os
maus. E aqui tens o chicote, símbolo de
poder e domínio, de sofrimento e purificação, já que está
escrito que para aprender tens de sofrer e ser purificado.
Estás disposto a sofrer para aprender?*

O iniciado responde que sim, e a suma sacerdotisa continua:

*E finalmente te apresento os cordões, usados para atar
os sigilos ou selos da Arte e em todo juramento.
(Estes cordões são três: azul, vermelho e branco. Dos
três, o que mais se usa é o azul). E agora te saúdo em nome
de Arádia e de Karnaína, novo sacerdote e bruxo.*

Cada vez que a suma sacerdotisa entrega uma das armas mágicas ao iniciado, ela o beija na face direita. Este passa os instrumentos à donzela, que os põe sobre o altar. A suma sacerdotisa guia o iniciado ao leste, aponta o athame para cima e diz:

*Escutai, Seres Poderosos, este iniciado
(menciona o nome) foi consagrado como sacerdote
(sacerdotisa) da Arte e como irmão(ã) de WICA.*

Isto é repetido nos outros três pontos cardeais. Nesse momento, os demais membros do conventículo entram no círculo através da porta astral que o sumo sacerdote ou a suma sacerdotisa traça no nordeste. Todos bebem do cálice de vinho e celebram a iniciação com frutas, biscoitos e jogos como de costume.

É importante saber que as iniciações em Wicca são dadas de mulher para homem e de homem para mulher. Quer dizer, se o iniciando é um homem, é a suma sacerdotisa que realiza o ofício. Se for uma mulher, é o sumo sacerdote que oficia a iniciação. Em casos extremos, uma mãe pode iniciar sua filha e um pai, seu filho, mas isso só ocorre em casos de emergência.

Antes de receber a iniciação do primeiro grau, o iniciado escolhe um nome mágico que usará no conventículo. A iniciação do segundo grau também envolve um novo nome, que porém só é usado nos grandes rituais. Na iniciação do terceiro grau, as bruxas recebem um dos nomes secretos da Grande Deusa e os bruxos um dos nomes secretos do Grande Deus.

## Iniciação do Segundo Grau

Durante esta cerimônia, está presente o sumo sacerdote, a suma sacerdotisa e os bruxos que receberam esta iniciação. A suma sacerdotisa traça o círculo mágico. Imaginemos que seja uma bruxa que receberá a iniciação. É então o sumo sacerdote que realizará a cerimônia. A iniciada entra no círculo já banhada e com as mãos atadas nas costas, mas não vendada. Começando no leste, o sumo sacerdote proclama nos 4 pontos cardeais:

> *Escutai, Poderosos Seres, está aqui*
> *(menciona o nome mágico do segundo grau da bruxa),*
> *sacerdotisa e bruxa já consagrada, a qual foi*
> *preparada para a elevação ao segundo grau.*

Tomando a bruxa pela cintura, o sumo sacerdote dá três voltas no círculo de leste a leste com passos de dança. A iniciada se ajoelha então diante do altar e seus tornozelos são amarrados.

O sumo sacerdote, de pé diante da bruxa, diz:

> *Para obter este grau é necessário ser purificada.*
> *Estás disposta a sofrer para aprender?*

A bruxa responde que sim e o sumo sacerdote continua:

> *Purifico-te para que faças este juramento corretamente.*

Em seguida, ele toca a sineta três vezes e dá 40 chicotadas na bruxa, nos 4 grupos antes mencionados: 3, 7, 9 e 21. Então diz:

*Repete comigo: Eu, (nome mágico da bruxa),*
*juro sobre o ventre de minha mãe e minha honra entre os homens e*
*meus irmãos e irmãs na Arte, que nunca revelarei os segredos da Arte, exceto*
*a pessoas autorizadas e preparadas num*
*círculo mágico como estou hoje. Isto juro por minhas*
*vidas passadas e minhas esperanças de vidas futuras e*
*me dedicarei eu mesma à minha destruição total*
*se romper este solene juramento.*

O sumo sacerdote se ajoelha ao lado da bruxa e coloca a mão esquerda atrás dos joelhos dela e a mão direita sobre a cabeça, e diz:

*Pelo poder da minha vontade,*
*transmito-te todos os meus poderes.*

Então ajuda-a a levantar-se e lhe desata todos os cordões. Com a ponta de um dedo umedecido no óleo consagrado, forma um pentagrama ou estrela de 5 pontas começando no ventre, depois o pé direito, o joelho esquerdo, o joelho direito e de novo o ventre. Ao terminar o pentagrama, diz:

*Consagro-te com óleo.*

Em seguida, repete o pentagrama e as palavras de consagração com vinho, água, fogo (uma vela acesa) e com um beijo em cada ponta do pentagrama. Nesse momento, entrega os instrumentos, já usados, à bruxa e a convida a usá-los no círculo. A bruxa retraça o círculo com a espada mágica e em seguida com o athame, usa a faca de cabo branco para gravar um pentagrama numa das velas novas que estão sobre o altar e que usará no devido tempo em seu próprio conventículo. Movimenta a varinha mágica no ar na direção dos 4 pontos cardeais, apresenta o pentáculo nos 4 pontos e passa o incensório ao redor do círculo. Conforme vai usando novamente seus instrumentos, entrega-os ao sumo sacerdote que os beija e os põe sobre o altar. Finalmente, o sumo sacerdote lhe entrega os cordões mágicos e ordena que o amarre com eles. A bruxa obedece e o sumo sacerdote a beija na face. O sumo sacerdote diz:

> *Aprende que na Bruxaria Wicca sempre deves*
> *devolver tudo o que recebes na forma tríplice.*
> *Conforme eu te açoitei assim deves açoitar-me,*
> *porém três vezes mais.*
> *Açoitei-te 3 vezes, açoita-me 9;*
> *açoitei-te 7 vezes, açoita-me 21;*
> *açoitei-te 9 vezes, devolve-me 27;*
> *açoitei-te 21 vezes, devolve-me 63.*
> *São 120 açoites. Toma o chicote.*

A bruxa obedece e açoita o sumo sacerdote 120 vezes. Em seguida, desata-lhe os cordões; ele a beija na face e diz:

> *Obedeceste a lei. Mas lembra-te, quando receberes*
> *o bem, também deves devolver esse bem triplicado.*

Este juramento, baseado na lei do três, obriga todo bruxo de segundo grau a devolver mal com mal e bem com bem três vezes à pessoa de quem o recebe. Isto torna o bruxo um inimigo perigoso porque ele está obrigado pela lei de Wicca a cobrar vingança. É também o melhor amigo que uma pessoa pode ter em virtude da lei do três.

Depois disso, o sumo sacerdote apresenta a bruxa aos 4 pontos cardeais, dizendo:

> *Saudações, Seres Poderosos, vede como*
> *(menciona o nome da bruxa) foi*
> *devidamente elevada ao segundo grau.*

Desse momento em diante a bruxa é considerada suma sacerdotisa, mas ainda não pode criar o seu próprio conventículo. Para isso ela precisa receber a iniciação do terceiro grau.

Terminada a iniciação, os presentes bebem o vinho, comem os biscoitos e as frutas e praticam os jogos habituais. O círculo então é desfeito.

## Iniciação do Terceiro Grau

Dessa cerimônia só podem participar o sumo sacerdote, a suma sacerdotisa e os bruxos que receberam a iniciação do terceiro grau. Isto significa que o grupo de bruxos é menor do que de costume porque nem todos os membros foram além do primeiro grau.

Esta é uma das cerimônias mais belas e complexas de Wicca porque nela relata-se e dramatiza-se o rapto de Prosérpina (a Grande Deusa) pelo deus da morte, Plutão (o Grande Deus). A suma sacerdotisa faz o papel da Grande Deusa e o sumo sacerdote representa o Grande Deus. Além deles está presente no círculo o narrador dessa odisséia, que é também iniciado do terceiro grau. Todos os que participam da cerimônia são purificados duplamente para este ritual. O círculo é traçado da forma costumeira e realizada a cerimônia principal, inclusive o baixar da Lua sobre a suma sacerdotisa. Terminada a cerimônia principal, a suma sacerdotisa tira o seu colar ritualístico, composto de contas alternadas de azeviche e âmbar, e o coloca sobre o altar. Põe sobre a cabeça um longo véu transparente que cobre todo o seu corpo e coloca outras jóias ritualísticas nas mãos e nos braços. A coroa de ritual permanece sobre a sua cabeça. O sumo sacerdote põe a sua coroa de chifres sobre a cabeça e coloca na cintura a sua espada mágica. Assim adornado, posta-se diante do altar na posição do Grande Deus, pés juntos e mãos cruzadas sobre o peito. Ao fazer isso, tira a espada do cinto e a empunha com a mão direita, ao mesmo tempo em que segura o chicote com a mão esquerda. A suma sacerdotisa sai do círculo pela porta astral no nordeste e posiciona-se fora do círculo. Na porta astral posta-se outro bruxo de terceiro grau que representa o Guardião do reino de Plutão. O narrador da odisséia dos deuses diz:

*Nos tempos antigos, nosso Senhor, o deus cornífero,*
*foi, como ainda é, o Conselheiro, o Benfeitor,*
*mas os homens só o conheciam como o Temido Senhor das*
*Sombras, solitário, severo porém justo. Nossa Senhora,*
*a Grande Deusa, desejou esclarecer todos os mistérios,*
*principalmente o da morte. Por isso, resolveu*
*descer ao reino das profundezas da Terra,*
*mas o Guardião do portal impediu a sua entrada.*

Nesse momento a suma sacerdotisa, que faz o papel da Grande Deusa, aproxima-se do bruxo que guarda a porta astral. Este, representando o guardião da odisséia, a detém, apontando a espada para o peito dela e dizendo:

*Despe tuas roupas e tira tuas jóias,*
*pois nada podes levar contigo neste nosso reino.*

Narrador:

*E ela tirou suas roupas e suas jóias e foi*
*amarrada como deve ser amarrado todo aquele que*
*tenta entrar no reino da morte onde habitam*
*os Seres Poderosos.*

A suma sacerdotisa tira o véu e as jóias e os põe no chão fora do círculo. O guardião do portal a amarra com cordões e a introduz no círculo.

Narrador:

*E era tão grande a sua beleza que a própria morte*
*se ajoelhou e colocou sua espada e coroa no chão,*
*beijando os seus pés.*

O sumo sacerdote aproxima-se da suma sacerdotisa, a olha concentrado e se ajoelha diante dela, colocando sua coroa e sua espada no chão; beijando seus pés, diz:

> *Benditos sejam teus pés que te trouxeram a este lugar.*
> *Permanece comigo e permite que coloque minha*
> *mão fria sobre teu coração.*

A suma sacerdotisa diz:

> *Não te amo.*

O sumo sacerdote:

> *Então, se não recebes minha mão sobre teu coração,*
> *tens de ajoelhar-te para receber o castigo da morte.*

A suma sacerdotisa:

> *É o destino; melhor assim.*

E se ajoelha diante do sumo sacerdote, que a açoita 40 vezes com o chicote.

Narrador:

> *E a morte a açoitou com ternura e ela suplicou.*

Suma sacerdotisa:

> *Conheci as dores do amor.*

Narrador:

> *E a morte a levantou do pó dizendo: "Bendita sejas" e*
> *lhe deu o Beijo Quíntuplo dizendo:*

Sumo sacerdote:

*Só assim alcançarás a felicidade e a sabedoria.*

Ao dizer isto, desata os cordões.

Narrador:

*E ele lhe ensinou todos os mistérios e lhe deu o colar*
*que simboliza o círculo da reencarnação.*

O sumo sacerdote toma o colar de azeviche e âmbar da suma sacerdotisa e o coloca no pescoço da iniciada. A suma sacerdotisa recolhe a coroa de chifres e a espada do chão e as entrega ao sumo sacerdote, que as coloca na cabeça e na cintura. Ambos se põem um ao lado do outro diante do altar, ele na posição do Grande Deus, pés unidos e mãos cruzadas sobre o peito; ela na posição de Grande Deusa, pés e braços abertos na forma de pentagrama, motivo pelo qual é conhecida como Deusa Estrela.

Narrador:

*E ela o instruiu no mistério da taça sagrada que*
*é o caldeirão da reencarnação. Ambos se amaram*
*e foram um, porque há três grandes mistérios na vida*
*do homem. A Magia (amor) controla a todos.*
*Pois para alcançar o amor, deveis regressar de novo no*
*mesmo tempo e no mesmo lugar que o ser amado,*
*e deveis encontrar-vos de novo, e saber, recordar e amar-vos*
*como antigamente. Porém para poder renascer, deveis morrer*
*e preparar-vos para um novo corpo. E para morrer deveis nascer.*
*E sem amor, um novo nascimento é impossível.*
*E nossa Deusa sempre tende para a alegria e para*
*o amor e adora seus filhos escondidos durante a vida.*
*E na morte nos ensina a forma de obter a comunhão.*
*E no mundo nos ensina o mistério do círculo*
*mágico que é colocado entre os mundos.*

A suma sacerdotisa e o sumo sacerdote colocam o chicote, a espada, a coroa e os demais instrumentos mágicos sobre o altar. Depois desse relato da odisséia dos deuses, a bruxa ou bruxo que recebe a iniciação é declarado sumo sacerdote ou suma sacerdotisa com direito a formar seu próprio conventículo. É depois dessa iniciação que se realiza o Grande Rito nos conventículos que ainda o praticam, em absoluta privacidade entre os bruxos que formam casais e que desejam uma identificação total com o Grande Deus e a Grande Deusa.

## Iniciação Individual

Muitas pessoas que simpatizam com as práticas de Wicca e suas leis, mas não querem participar de um conventículo, decidem iniciar-se elas mesmas na religião. Isto pode ser feito seguindo os detalhes da cerimônia principal de Wicca e das iniciações.

# O ALFABETO DE WICCA E OS INSTRUMENTOS MÁGICOS

Conhecemos o alfabeto de Wicca pelo nome de escrita tebana ou runas de Wicca. Na antiguidade, era adotado pelos bruxos para trocar mensagens. Modernamente, ele é usado em feitiços, para escrever o nome do bruxo no *Livro das Sombras* e, às vezes, para troca de correspondência, especialmente quando a mensagem requer total privacidade. Como se pode ver na ilustração, as runas incluem várias letras de confusão que antigamente eram intercaladas na mensagem escrita para confundir os curiosos. (Ver figura na página seguinte.)

Entre os instrumentos ou armas mágicas dos bruxos estão o athame ou punhal de cabo preto, a espada mágica, o boline ou faca de cabo branco, a varinha mágica, o pentáculo, o chicote de ritual, o cálice ou taça de ritual, o incensório, a sineta, os cordões, as jóias da suma sacerdotisa e a sua coroa, a coroa do sumo sacerdote e o altar.

# Alfabeto de Runas Tebanas

* Letras de confusão

# O athame

Este é o instrumento mais importante do bruxo. É utilizado para traçar o círculo e em todas as cerimônias. Com o athame a suma sacerdotisa ou o sumo sacerdote confere as três iniciações e invoca os Guardiães das Torres. Todo bruxo recebe o athame com a iniciação do primeiro grau e deve tê-lo sempre consigo no círculo mágico. Quando não está sendo usado, deve-se deixá-lo sobre o altar. O cabo do athame está inscrito nos dois lados com os símbolos fundamentais de Wicca, como se pode ver na ilustração. (Ver figura na página seguinte.) Entre os símbolos inscritos na parte superior do cabo está a roda cósmica que representa os 8 caminhos de Wicca; esses caminhos estão associados aos 8 festivais ou Sabás. A flecha da magia e o casal perfeito (Arádia e Karnaína) completam os símbolos da parte superior do cabo.

Na parte inferior do athame inscreve-se o símbolo do Grande Deus, com sua coroa de chifres e a letra "K", inicial do nome de Karnaína. No meio estão os símbolos do chicote e do beijo ritual de Wicca, e no outro extremo, duas meias-luas representando a Lua Crescente e a Lua Minguante (Arádia) e a letra hebraica Aleph, que representa a letra "A", inicial de Arádia.

# A espada mágica

A espada mágica tem o mesmo objetivo do athame e é um símbolo de grande poder que o bruxo usa para invocar e subjugar os espíritos. A espada mágica tem as mesmas inscrições que o athame. Ela é mais freqüentemente utilizada durante as iniciações, especialmente a do terceiro grau, quando o sumo sacerdote a esgrime para representar o Grande Deus.

## Símbolos inscritos no athame e na espada mágica

### Parte superior do cabo

Os oito
Caminhos

Flecha da
magia

Casal perfeito

### Parte inferior do cabo

Símbolo
do Deus

Inicial
do Deus

Símbolo
do chicote

Símbolo
do beijo

Símbolo da
Deusa

Inicial
da Deusa

# O boline

O boline é uma faca de cabo branco que o bruxo usa para inscrever as velas e para preparar a varinha mágica. Também é usada em todos os tipos de feitiços. Não se pode utilizá-la fora do círculo. O boline tem inscrições na parte superior e inferior do cabo e também na lâmina.

## Símbolos inscritos no boline

### Parte superior do cabo

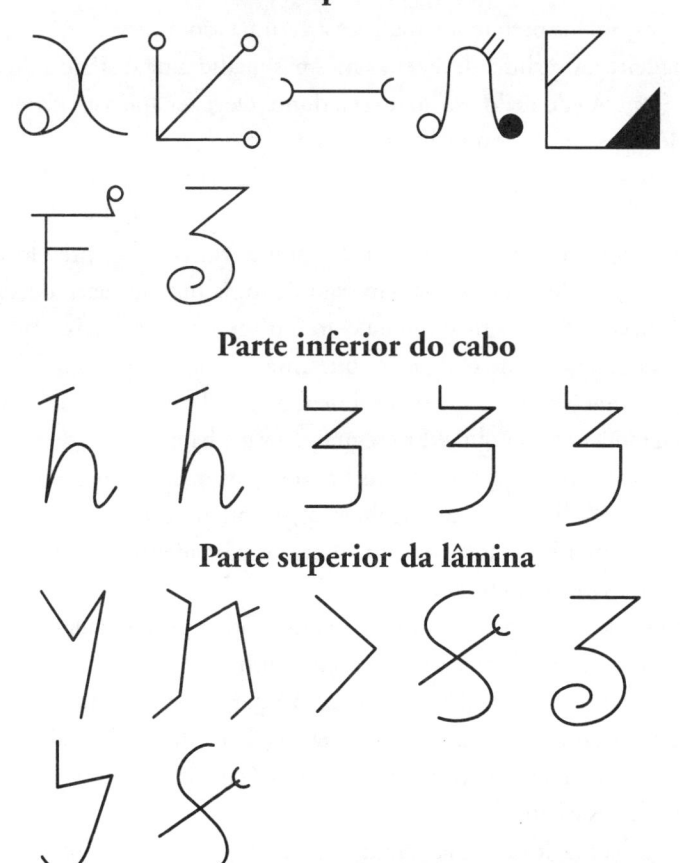

### Parte inferior do cabo

### Parte superior da lâmina

Muitos bruxos inscrevem os símbolos de Wicca no cabo da espada mágica e do athame com o boline. Outros usam tinta prateada para desenhar os símbolos nesses instrumentos mágicos. Os símbolos inscritos no boline são runas muito antigas cujo significado não é claro. (Ver figura na página anterior.)

## A varinha mágica

A varinha mágica pode ser feita de vários tipos de madeira, mas o bruxo precisa ir a um bosque ou parque e cortá-la do ramo de uma árvore. As árvores que os bruxos preferem para fazer a varinha são o carvalho, a aveleira e o salgueiro. A varinha deve ter as mesmas medidas da distância do cotovelo até a ponta do dedo médio do seu dono. Deve ter aproximadamente 2,5 cm de espessura e ser o mais reta possível.

Depois de obter o ramo da árvore adequada, o bruxo usa o boline para cortar todos os nós da superfície e em seguida a alisa com lixa de papel. Com a ponta do boline escava uma das pontas da varinha, tirando uns 5 cm de madeira do seu interior. Em seguida toma um chumaço de algodão, perfura o polegar da mão direita com um agulha nova e deixa cair várias gotas de sangue sobre o algodão, que então coloca no buraco feito na varinha. O buraco é fechado com cera de uma vela branca em que gravou um pentagrama com o boline. Em seguida, a varinha é pintada de preto e inscrita com um pentagrama. Alguns bruxos gravam seu nome em runas na varinha com o boline ou o desenham com tinta prateada. Muitas vezes a ponta da varinha é pintada com tinta prateada para identificar o lado carregado com o sangue do bruxo.

Depois de terminada, a varinha é consagrada nos 4 elementos. Para fazer isso, o bruxo a coloca sobre o sal (elemento terra), em seguida a passa pela chama de uma vela (elemento fogo), a asperge com água salgada (elemento água) e a passa pela fumaça de incenso (elemento ar). Depois a consagra com óleo consagrado, com vinho e com três baforadas de ar em nome de Arádia e de Karnaína.

A varinha mágica é usada para invocar e subjugar certos espíritos, geralmente benéficos, que não podem ser invocados com o punhal ou com a espada mágica. Serve também para "baixar" energias cósmicas quando o bruxo realiza certos rituais ou magias.

## O pentáculo

O pentáculo é uma peça de cobre, prata ou madeira de forma redonda, com aproximadamente 18 cm de diâmetro. Representa o elemento terra e pode ser utilizada para invocar espíritos deste elemento. Vários símbolos de Wicca são gravados no pentáculo com o boline. Esses símbolos podem ser vistos na ilustração e incluem o pentagrama ou estrela de 5 pontas, dois triângulos, um direito e outro invertido, representando o elemento fogo e o elemento água, respectivamente. No lado direito inscreve-se o pentagrama invertido, e na parte inferior gravam-se os símbolos de Karnaína e Arádia, o símbolo do chicote e o símbolo do beijo.

No pentáculo também se põe o sal a ser usado na purificação do círculo. O sal é um símbolo do elemento terra na prática da magia e é considerado uma substância de grandes poderes purificadores. Também a Igreja Católica considera o sal um elemento purificador e por isto o utiliza durante a cerimônia do batismo. (Ver figura abaixo.)

### Pentáculo mágico de Wicca
### Símbolos inscritos na sua superfície

## O chicote ritualístico

O cabo do chicote é feito de um pedaço de ramo de bétula, depois pintado de preto. Do cabo do chicote pendem quatro tiras compridas de couro fino ou de seda preta com um nó na ponta. O comprimento das correias do chicote é de aproximadamente 30 cm. O cabo do chicote é gravado com os símbolos dos graus obtidos pelo bruxo ou bruxa em Wicca. Se tem apenas o primeiro grau, a inscrição é de um triângulo invertido. Se obteve também o segundo grau, acrescenta-se o símbolo do pentagrama. Se foi iniciado também no terceiro grau, são inscritos os três símbolos dessas iniciações. A iniciação do terceiro grau é representada por um pentagrama coroado por um triângulo em pé. Estes símbolos podem ser vistos na ilustração abaixo.

### Símbolos inscritos no cabo
### do chicote de ritual

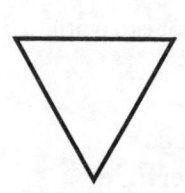  

**Primeiro Grau**    **Segundo Grau**    **Terceiro Grau**

O chicote de ritual é um símbolo do poder de dominação. É usado como instrumento de sofrimento e purificação, já que Wicca ensina que todo conhecimento mágico é obtido através do sofrimento. O sumo sacerdote e a suma sacerdotisa, que mais usam o chicote nos rituais, são muito gentis ao usá-lo, e os açoites que os iniciados recebem são sempre muito suaves e não machucam. Antes, são símbolos de purificação e obediência.

## O cálice ou taça de ritual

O cálice é geralmente grande, já que todos os bruxos do conventículo tomam do vinho vertido nesta taça ritualística. O cálice pode ser de metal ou de cristal. Muitos conventículos dispõem de cálices de prata muito bonitos com símbolos célticos, representando as raízes de Wicca. Existem no mercado cálices de cristal preto ou azul-marinho já banhados em prata com o símbolo de Wicca, que é uma meia-lua com um pentagrama no meio. Esses cálices são baratos e fáceis de conseguir nas cidades grandes, em lojas de produtos esotéricos. Mas pode-se usar também uma taça de prata simples, na qual o dono desenha a meia-lua e o pentagrama de Wicca com tinta preta ou então os grava com o boline. Durante as cerimônias de Wicca, o último cálice que fica sobre o altar pertence à suma sacerdotisa que é quem dirige o conventículo. Os demais bruxos também têm seus cálices, porém os mantêm em seus altares particulares.

O cálice é usado em toda cerimônia de Wicca e representa o elemento feminino. O athame representa o elemento masculino. Quando a suma sacerdotisa mergulha o athame na taça de vinho que o sumo sacerdote lhe apresenta, ela está imitando a união entre esses dois elementos. O vinho ritualístico usado em Wicca é sempre vinho tinto doce e representa a paixão, a vida e o amor. Nenhum ritual de Wicca é completo sem o cálice de vinho, do qual todos os bruxos têm de beber como símbolo da irmandade do conventículo. A primeira a beber é a suma sacerdotisa, que é também a que toma o que dele resta na taça.

**Símbolo inscrito no
cálice ou copo ritual**

# O incensório

O incensório é de grande importância em toda cerimônia de Wicca, já que o incenso é um elemento de purificação cuja fragrância é usada para abrandar e suavizar os espíritos invocados. Os incensos usados em Wicca sempre dependem das entidades que são invocadas durante o ritual. Nas cerimônias comuns como os Esbás, usa-se geralmente mirra e franquincenso sobre vários carvões acesos. Alguns conventículos modernos usam varetas de incenso, mas esta prática não é bem-vista pelos praticantes mais tradicionais que consideram o incensório parte intrínseca da sua religião.

Nos grandes Sabás e quando se invocam espíritos planetários ou elementais, o incenso utilizado é o que contém as ervas e aromas associados com os planetas ou com os 4 elementos. Isso é de primordial importância em toda invocação. Se o aroma que se usa no incensório não corresponde à entidade invocada, não se consegue entrar em contato com ela. Mais adiante, na segunda parte deste livro, vamos estudar as ervas e fragrâncias planetárias e elementais.

O incensório de Wicca é sempre grande, parecido com o que se usa nas igrejas. Também tem gravada na frente uma meia-lua e um pentagrama, os símbolos tradicionais de Wicca.

# A sineta

Usa-se a sineta em toda cerimônia de Wicca para assinalar certos pontos importantes no ritual ou para indicar que algo terminou ou que vai começar. A suma sacerdotisa sempre bate na sineta com a lâmina do athame. Dessa forma, a sineta soa apenas uma vez quando é tocada. Como outros instrumentos mágicos da religião Wicca, a sineta está gravada com a meia-lua e o pentagrama.

A sineta pode ser feita de cristal ou de metal, porém a maioria dos bruxos prefere a de metal para evitar acidentes caso a de cristal caia e quebre.

# Os cordões

Uma das magias mais populares e poderosas é a que os bruxos fazem com os cordões mágicos. Todo bruxo do primeiro grau deve ter os seus cordões de iniciação, vermelho, branco e azul. Dos três, o mais usado é o azul.

Quando recebe a iniciação do segundo grau, o bruxo já sabe trabalhar com as cores dos 4 elementos: vermelho (elemento fogo), azul (elemento ar), verde (elemento água) e amarelo (elemento terra). Essas cores são usadas por Wicca para representar os 4 elementos e diferem das cores tradicionais dos elementos na prática da alta magia. As cores tradicionais dos elementos são: vermelho (fogo), azul (água), amarelo (ar) e verde (terra). Como podemos ver, são diferentes das cores elementais de Wicca. Na pratica da magia, usam-se as cores e atributos correspondentes ao sistema que se emprega. Quando se trabalha a magia elemental tradicional, usam-se as cores tradicionais dos elementos. Quando se trabalha a magia de Wicca, usam-se as cores elementais dessa religião.

O cordão com que são tomadas as medidas do bruxo na primeira iniciação é freqüentemente usado por ele em volta da cintura. Numa extremidade forma-se um "O" com o cordão e na outra desfiam-se uns 4 ou 5 cm. O "O" representa o elemento feminino e a ponta desfiada o elemento masculino. Para amarrar o cordão na cintura, o bruxo passa a ponta desfiada pelo "O" para completar o símbolo da união dos princípios feminino e masculino. Em seguida ajusta e firma o cordão à sua cintura. Este cordão geralmente tem 2,70 m de comprimento, e um dos seus usos tradicionais é medir o diâmetro do círculo mágico, que em princípio deve medir 2,70 m. O cordão de iniciação tem grande poder, e seu objetivo é proteger o bruxo dentro do círculo.

Os cordões de cores são usados dentro do círculo quando os bruxos trabalham suas magias em grupo. Cada cordão é usado para uma magia diferente. Para adquirir poder ou para controlá-lo, usa-se o cordão vermelho. Para problemas amorosos, o cordão verde, uma das principais cores de Vênus, o planeta do amor. Para obter dinheiro ou avançar nos negócios e para a saúde, usa-se o cordão amarelo. Para felicidade, sucesso, alegria e harmonia, o cordão azul. Este cordão também é adotado para destruir falatórios e as artimanhas dos inimigos. O branco serve para obter paz e equilíbrio.

Cada bruxo decide o que deseja pedir através do cordão antes de começar a magia. Terminada a cerimônia e levantado o cone do poder, todos se sentam no chão, formando uma roda. Todos os cordões são amarrados numa extremidade, cada bruxo segurando o seu para não perdê-lo de vista. Em seguida, cada um pega a ponta solta do cordão nas mãos e a puxa até formar uma roda de cordões, como os raios de uma roda. Cada pessoa deve manter o cordão tenso, sem nunca soltá-lo nem suavizar-lhe a tensão, pois, do contrário, a roda de cordões perde poder e equilíbrio.

Enquanto segura o cordão firmemente apertado na mão, o bruxo concentra-se no seu desejo, dirigindo-o ao cordão através da mão. Quando o desejo está intensamente visualizado na mente, faz um nó no cordão, mantendo-o sempre tenso. Durante todo o tempo em que está visualizando e expressando mentalmente o seu desejo, o bruxo mantém os olhos postos no centro da roda de cordões, no ponto onde estão todos amarrados e que é o foco de energias do cone do poder. Uma vez feito o nó, concentra-se em outro desejo e faz outro nó. Os bruxos não aconselham pedir muitas coisas em cada sessão mágica do cordão para poder concentrar maior energia em uma ou duas coisas, e assim ter certeza de obter o que pediu. Quem tudo quer tudo perde, diz o ditado, e esta é uma das máximas principais da magia.

Quando todos fizeram seus pedidos e amarraram os nós nos cordões, a roda se desfaz e os cordões se soltam e cada bruxo guarda o seu para outra ocasião. Essa "amarração" só se desfaz depois de atendido o pedido feito.

Uma das magias de cordão mais conhecida é a famosa *Escada da Bruxa*. Essa magia é praticada num cordão verde no qual se fazem 40 nós, que são os açoites tradicionais que o bruxo recebe em suas iniciações. O objetivo desse cordão é entrar em contato com o subconsciente. A escada é usada antes de dormir, tomando-a nas mãos e repetindo um só desejo em cada nó. Se a pessoa desperta no meio da noite, volta a pegar a escada e a repetir o seu desejo em cada nó até adormecer.

A razão por que se usa a escada momentos antes de dormir é que quando está cochilando, a pessoa entra rapidamente no chamado estado alfa, quando é mais fácil contatar o subconsciente, o gigante interno que pode dar-nos tudo o que pedimos. O uso persistente da escada noite após noite com o mesmo pedido assegura que este seja atendido. Os bruxos nunca pedem nada novo através da escada até que o desejo seja concedido.

Desse modo, a escada da bruxa pode ser usada para curar-se, para conseguir emprego, dinheiro, amor e tudo o que o bruxo possa desejar, incluindo o domínio sobre os inimigos. A escada da bruxa pode ser formada dentro do círculo mágico usando a energia do cone do poder quando os outros bruxos estão trabalhando a energia do cordão. Fazem-se 40 nós no cordão concentrando-se num só desejo e depois usa-se a escada todas as noites para reforçar o pedido. Quando se alcança o que se pediu, desfazem-se os nós e volta-se a preparar a escada com um novo desejo.

A escada da bruxa pode ser feita com diferentes cores, dependendo do que se deseja alcançar. A cor verde é para todos os tipos de pedidos. A cor violeta, por exemplo, que é a cor mais elevada, associada com o espírito, é usada para avanço e evolução espiritual.

## A faixa

Toda suma sacerdotisa tem uma faixa verde, cor que em Wicca representa a água e o princípio feminino. Sempre que um dos seus bruxos ou bruxas obtém o terceiro grau e decide abandonar o conventículo e começar seu próprio grupo, a suma sacerdotisa coloca uma pequena fivela de prata na sua própria faixa, que sempre leva na coxa esquerda. A suma sacerdotisa é considerada a origem e a mãe de todo conventículo que se forma a partir do dela. Quanto mais fivelas ela tem na sua faixa, maior é o seu poder. Esta é uma das tradições mais antigas de Wicca e data do tempo dos celtas.

## A coroa

A suma sacerdotisa usa uma coroa presa à testa; mais propriamente, um diadema. Em geral é feita de prata com uma meia-lua no meio. A meia-lua aponta para cima e é o símbolo da Grande Deusa Arádia.

O sumo sacerdote usa uma coroa de chifres de gamo, símbolo do Grande Deus Karnaína. Ele só usa essa coroa durante a iniciação do terceiro grau.

## O colar

O colar ritualístico da bruxa, especialmente da suma sacerdotisa que sempre o usa, é feito de contas alternadas de âmbar e azeviche. Essas contas representam o poder da Grande Deusa na Terra.

## Outras jóias

As bruxas adoram jóias ritualísticas. Um dos símbolos que mais usam é o "anhk" egípcio, que é uma cruz com um elemento oval na ponta superior. Este era o símbolo da vida entre os egípcios, e todas as estátuas de seus deuses o portavam na mão. Em Wicca, o "anhk" simboliza a deusa egípcia Ísis, associada com a Lua e um dos nomes da Grande Deusa. Tanto os homens como as mulheres usam este símbolo, seja em anéis ou colares.

Anéis de prata encravados com pedras associadas com os planetas e com os elementos são usados normalmente, além de muitos colares de amuletos naturais. O símbolo tradicional de Wicca, uma lua e um pentagrama, são usados também em anéis, braceletes e colares.

Muitas bruxas usam anéis dos 7 planetas tradicionais: Sol, Lua, Mercúrio, Vênus, Marte, Júpiter e Saturno. Em geral, as pedras associadas com esses planetas são engastadas em anéis do metal planetário correspondente.

Um dos anéis mais belos usados por muitas bruxas tem na frente as garras de uma águia segurando uma bola de cristal, símbolo da Lua. A bola de cristal é grande e pode ser usada para ver o futuro. Os bruxos usam freqüentemente a bola de cristal dentro do círculo para "escriar" ou obter visões ou revelações. Para fazer isso, o bruxo ou bruxa senta no chão no oeste olhando para o leste. Colocam-se duas velas em cada lado do cristal que o bruxo segura nas mãos. O bruxo visualiza o passado atrás das costas e o futuro na frente. Os demais bruxos fecham os olhos e se concentram intensamente no cristal. O bruxo observa o cristal mantendo a mente em branco. Conforme as imagens vão chegando à sua mente, ele as descreve em voz lenta e pausada. Um dos bruxos que sempre atua como escriba registra as visões num caderno especial, anotando cuidadosamente a data da sessão.

Os bruxos se alternam nas sessões de "escriar", para que todos tenham a oportunidade de desenvolver o poder de clarividência. A bola de cristal preferida é a de quartzo branco, que em geral não é totalmente transparente, já que o quartzo branco quase sempre tem inclusões.

As bolas de quartzo branco geralmente têm preço alto, e quanto maiores e mais transparentes, mais caras.

Todo objeto de quartzo branco, inclusive a bola de cristal, sempre deve ser limpo e purificado mergulhando-o em água com sal marinho por 24 horas e em seguida enxaguando-o e deixando-o ao sol por um mínimo de 6 horas.

# O altar

O altar de Wicca é apenas um símbolo para o bruxo, que raras vezes trabalha sobre ele. No altar são colocados os instrumentos mágicos quando não estão sendo usados, além das duas velas acesas que sempre o adornam.

Em geral, cobre-se o altar com um pedaço de tecido preto que chega até o chão. O tecido é quase sempre de veludo ou de cetim.

O altar simboliza a Terra e por isso está sempre orientado para o norte, que representa o elemento terra e que é onde os bruxos geralmente trabalham a sua magia.

Muitas ações ritualísticas da suma sacerdotisa e do sumo sacerdote são realizadas na frente ou atrás do altar, mas ele nunca é usado como centro das cerimônias. É um dos instrumentos mágicos mais importantes de Wicca e é indispensável para o trabalho do conventículo, mas o seu simbolismo é mais espiritual que material. Todos os elementos ritualísticos de cada cerimônia são dispostos na frente ou atrás do altar, mas este nunca está no meio do círculo, nem é o lugar onde se eleva o cone do poder.

Todos os rituais, iniciações, práticas mágicas, conjuros e feitiços de Wicca, o uso de ervas, óleos e incensos, estão escritos à mão no livro misterioso conhecido como o *Livro das Sombras*. Na Segunda Parte desta obra estudaremos a fundo a magia das bruxas coligida no *Livro das Sombras*.

# O Livro das Sombras

## (A Magia das Bruxas)

# O LIVRO DAS SOMBRAS

O *Livro das Sombras* é um caderno onde os bruxos anotam todas as cerimônias de Wicca, as iniciações, os dias em que se celebram os Esbás e Sabás e todos os feitiços e sortilégios dessa religião. Ervas, incensos, óleos e perfumes mágicos, e ainda informações sobre os elementos, planetas, horas planetárias, cores, elementais, familiares, invocações, evocações e outros rituais de importância também estão incluídos nesse livro, que o próprio bruxo copia à mão do *Livro das Sombras* da suma sacerdotisa.

Nesta seção, passaremos muitas informações que constam do *Livro das Sombras*.

# Familiares

*Familiar* é um animal que a bruxa usa durante os seus rituais e feitiços. Antigamente, acreditava-se que o bruxo ou bruxa podia enviar o seu familiar a um inimigo com instruções específicas para prejudicá-lo. Hoje nem todos os bruxos têm familiares, e os que os têm raramente os usam em seus rituais. Acredita-se que o animal que serve de familiar acrescenta as suas energias às da magia do bruxo para aumentar-lhe o poder.

O familiar mais conhecido é o gato preto, e um dos rituais mágicos que os bruxos realizavam com este familiar consistia em esfregar-lhe o lombo com sal à meia-noite para atrair dinheiro. Outros familiares são os mochos, os corvos e os cães. Por alguma razão, os sapos também foram associados com Wicca, mas apenas na prática da magia negra.

O "totem" é um familiar que protege um mago ou um bruxo, e geralmente é o animal com que a pessoa mais se identifica. Na magia ensina-se que cada ser humano tem um "totem", sendo este um conceito que provém da magia dos xamãs dos índios dos Estados Unidos. Uma pessoa que gosta de pombos e se sente estranhamente em união com eles possivelmente tem um pombo por totem. O totem é uma entidade espiritual e tudo o que se relaciona com a sua essência é de grande benefício para a pessoa com quem está associado. Em determinados momentos, é possível que o totem se materialize na frente da pessoa para torná-la ciente de que está com ela e que a protege. Por exemplo, sou fascinada por lobos, com os quais tenho grande afinidade. Tenho na porta do meu escritório uma mandala índia com um belíssimo lobo no centro. Uma tarde, alguns minutos antes de deixar o escritório, eu estava admirando o lobo e sentindo um profundo carinho por esse animal. Ao sair do escritório para recolher o carro à garagem que geralmente uso, vi o lobo da mandala surgir inesperadamente de um dos cantos da garagem e correr na minha direção. O animal era extraordinariamente belo e de proporções gigantescas, porém em nenhum momento senti medo dele. Ele se aproximou de mim muito manso e começou a lamber-me as mãos. Alguns minutos depois, um homem desceu de uma caminhonete e se dirigiu a mim: "Cuidado, esse lobo foi domado por mim, mas ainda é selvagem; ele pode atacá-la." "Não tenha medo", retruquei. "Ele jamais me faria mal." Inclinei-me sobre o lobo durante alguns minutos; ele pôs as patas nos meus ombros e começou a lamber-me o rosto, com grandes demonstrações de afeto. "Não posso acreditar", disse o homem. "Nem a mim ele faz essas demonstrações." "Acontece que somos velhos amigos", respondi, diante da sua surpresa. "Nos conhecemos há muito tempo."

Pouco depois, saí da garagem e nunca mais voltei a ver o lobo ou o seu dono. Foi simplesmente um momento inesquecível, um evento "sincronizado", em que o lobo da mandala quis me mostrar que compartilhava os meus sentimentos e que sempre me protegeria. Eu também o protejo, já que ele é um dos animais ameaçados de extinção nas Américas, e sempre participei ativamente de organizações que protegem essa e outras espécies em perigo.

É muito útil cada um saber qual é o seu totem ou animal protetor. Quando se sabe qual é o totem pessoal, é recomendável ter imagens e amuletos que o representem e levá-los consigo para sorte e proteção.

# ELEMENTAIS

Os *elementais* são entidades geralmente associadas com os quatro elementos. As fadas, os elfos e as sílfides são criaturas com asas furta-cor parecidas com as das borboletas, que pertencem ao elemento ar. Os elementais estão presentes em todo tipo de magia e o dia preferido para invocá-los é o dia conhecido como a meia-noite do verão, celebrado na véspera de 24 de junho, à meia-noite. Esse dia, o dia de São João, é um dos mais mágicos do ano e toda magia realizada na véspera é de grande eficácia.

As ondinas são descritas como criaturas muito belas, semitransparentes de cor azul-acinzentada, e pertencem ao elemento água. Em geral são invocadas em magias amorosas já que o amor está associado a este elemento.

As salamandras têm relação com o elemento fogo. Como seu elemento, são feitas de fogo e parecem minúsculos dragões que saltam entre as chamas. São utilizadas em magias de poder.

Os gnomos pertencem ao elemento terra. São vistos como homenzinhos com cerca de sessenta centímetros de altura e longas barbas. Os gnomos vivem nas profundezas da Terra, onde trabalham em minas. Todos os metais, especialmente o ouro, as pedras preciosas e os tesouros escondidos lhes pertencem. São invocados em magias de dinheiro.

Os bruxos recorrem a outro tipo de elemental que eles mesmos criam com as próprias energias. O bruxo envia esses elementais para que eles realizem os seus propósitos. Uma maneira de criar um elemental é esfregar as mãos rapidamente e logo separá-las, colocando as palmas uma de frente para a outra a uns 20 centímetros de distância. Entre as mãos, o bruxo visualiza uma bola de energia. Ele então afasta e aproxima as palmas para aumentar a intensidade da energia que ali se acumula. Com a imaginação, ele dá forma à energia, criando uma entidade elemental e atribuindo-lhe um nome específico. Enquanto movimenta as mãos, ele "carrega" essa energia com um desejo ou propósito específico. Em seguida, com um grande esforço da vontade, ele a envia ao lugar determinado para realizar esse desejo ou propósito. Se o que ele quer é enviar uma mensagem especial a uma pessoa à distância, o elemental viaja através do espaço e leva a mensagem a essa pessoa, que a recebe como um pensamento espontâneo e atua imediatamente sobre ela, segundo os desejos do bruxo. Em outras ocasiões, o bruxo envia o elemental sem um lugar específico, somente para atuar em seu benefício, transformando tudo o que encontra à sua passagem para realizar os desejos do bruxo. Em geral isso é feito quando o bruxo deseja uma quantidade específica de dinheiro. O elemental usa as energias que encontra no caminho para transformá-las em oportunidades de dinheiro para o bruxo. Logo que este consegue o que deseja, chama o elemental de volta e reabsorve as suas energias já que é perigoso deixar o elemental pairando continuamente no espaço.

Um dos bruxos mais famosos do mundo, o inglês Alex Sanders, já falecido, era um sumo sacerdote de Wicca, conhecido como o rei dos bruxos. Ele tinha o seu conventículo de bruxos em Londres, que dirigia juntamente com a sua esposa Maxine, a suma sacerdotisa do grupo. Muitos livros foram escritos sobre a vida dele e ele próprio deixou várias conferências sobre Wicca que estão entre os escritos mais importantes sobre essa religião.

Tive a oportunidade de conhecer Alex Sanders quando eu ainda trabalhava para as Nações Unidas em Viena. Alex tinha um elemental, criado como acabo de descrever, que ele chamava Michael e que usava continuamente com diferentes propósitos. Durante uma reunião muito agradável em Londres, num dos "pubs", bares onde os ingleses se reúnem para tomar cerveja e passar alguns momentos de distração, Alex, acompanhado por seu conventículo de bruxos, me contou a seguinte história. Uma noite, antes de celebrar um dos seus Esbás, todos os membros do conventículo, inclusive Alex e Maxine, foram como de costume a um "pub" para relaxar. Uma das jovens bruxas tinha muitas verrugas no rosto, um infortúnio que havia herdado da avó. Logo que chegaram no lugar, um dos garçons começou a zombar da jovem, fazendo troça das suas verrugas. Os colegas dela disseram educadamente ao garçom que os seus gracejos eram despropositados e que ele devia conter-se. Mas ele continuou importunando a jovem bruxa, a ponto de fazê-la chorar, tomada de aborrecimento e humilhação. Um dos bruxos se levantou da mesa com intenção de agredir o garçom, mas Alex o deteve. "Deixa comigo", disse.

E virando-se para o garçom, disse-lhe: "Não deves zombar dela, pois parece que em ti também estão aparecendo verrugas". O garçom começou a rir debochadamente e disse a Alex que ele estava maluco. Poucos minutos depois o grupo se levantou e foi embora.

No dia seguinte, Alex chamou o seu elemental Michael, deu-lhe instruções especiais e o enviou ao garçom. Várias semanas mais tarde, o conventículo voltou ao mesmo "pub". A jovem que fora objeto dos pesados gracejos do garçom estava limpa de todas as verrugas, passadas por Michael ao garçom, que por sua vez estava com o rosto coberto de verrugas, em quantidade três vezes maior do que a jovem. Em nenhum momento o grupo zombou do garçom nem fez qualquer comentário sobre a sua situação. Quando este os viu chegar, e reconheceu a jovem com o rosto claro e limpo, saiu correndo e nunca mais voltou. Isso aconteceu no mesmo "pub" em que Alex me contava a história.

Os bruxos não usam os seus poderes exclusivamente para causar dano aos seus inimigos, mas, como vimos anteriormente, a lei do três os obriga a pagar bem com bem e mal com mal em forma tripla de quem o recebe.

O poder dos elementais é muito real e freqüentemente usado pelos bruxos, mas é um poder que tem seus perigos já que uma força elemental solta e sem controle pode ser devastadora para aquele que a cria. Por isso, aconselha-se que pessoas despreparadas não façam experiências com elementais se não sabem como controlá-los.

# ERVAS

As ervas são de suma importância em Wicca e são usadas para curas, banhos purificadores e filtros de todos os tipos. Os bruxos classificam as ervas de acordo com seus poderes e com os elementos que as regem.

Segue uma relação de ervas, árvores, flores, frutas e raízes mais populares entre os bruxos e os planetas e elementos que as regem, além dos usos mais comuns.

| Erva | Planetas | Elemento | Usos |
| --- | --- | --- | --- |
| Abre-caminho | Marte | fogo | desenvolvimento |
| Açafrão | Sol, Vênus | água | atrair amor, prosperidade |
| Agárico | Sol, Vênus | ar | amor, proteção, fertilidade, limpeza |
| Álamo | Mercúrio, Saturno | ar | contra roubos, limpeza |
| Alecrim | Sol | fogo | amor, paixão, dinheiro, saúde, poder mental |
| Alface | Vênus | água | pureza, dinheiro, proteção, amor |

| Erva | Planetas | Elemento | Usos |
| --- | --- | --- | --- |
| Alho | Marte | fogo | proteção, limpeza, paixão |
| Ameixa | Lua, Vênus | água | amor, poderes psíquicos |
| Amendoeira | Mercúrio | ar | dinheiro, prosperidade |
| Amora | Mercúrio | ar | fortaleza, paz, limpeza |
| Amora | Vênus | água | saúde, dinheiro, proteção |
| Anamu | Lua, Saturno | água | limpeza, exorcismos |
| Arrasa com tudo | Marte | fogo | limpeza, contra feitiços |
| Arroz | Sol | ar | fertilidade, dinheiro |
| Arruda | Marte | fogo | exorcismos, saúde, poder mental, amor |
| Artemísia | Vênus | terra | purificação, psiquismo, exorcismos, |
| Aveia | Vênus | terra | dinheiro, abundância |
| Avelã | Sol | ar | proteção, sorte, fertilidade |
| Bálsamo de Gilead | Vênus | água | saúde, amor, limpeza |
| Banana | Vênus | água | amor, fertilidade, |
| Batata | Lua | terra | dinheiro, saúde, exorcismos |
| Batata-doce | Sol, Vênus | terra | amor, dinheiro, sorte |
| Baunilha | Vênus | água | amor, sorte, poder mental |

| *Erva* | *Planetas* | *Elemento* | *Usos* |
|--------|-----------|-----------|--------|
| Beldroega | Lua | água | amor, sorte, felicidade, proteção |
| Beterraba | Saturno | terra | amores impossíveis, amantes infiéis |
| Cabaceira | Lua, Vênus | água | amor, dinheiro, abundância |
| Camomila | Sol | fogo | amor, dinheiro, saúde |
| Cardamomo | Vênus | água | amor, dinheiro |
| Carvalho | Sol | fogo | saúde, poder, dinheiro, sorte, virilidade |
| Cáscara-sagrada | Júpiter | terra | processos judiciais, limpeza, dinheiro |
| Cebola | Marte | fogo | saúde, amor, proteção |
| Cedro | Sol | fogo | poder, energia, saúde, dinheiro |
| Cenoura | Marte | terra | fertilidade, dinheiro, virilidade, amor |
| Cereja | Vênus | água | amor, desenvolvimento |
| Cevada | Vênus | terra | dinheiro, amor, fertilidade |
| Chicória | Sol | ar | limpeza, sorte, invisibilidade |
| Chili | Marte | fogo | amor, quebrar feitiços |
| Cipreste | Saturno | terra | vida longa, saúde, proteção |
| Coco | Lua | água | limpeza, proteção, purificação |
| Cominho | Sol, Marte | fogo | proteção, dinheiro, fidelidade |

| Erva | Planetas | Elemento | Usos |
|---|---|---|---|
| Cravo | Sol | fogo | amor, proteção |
| Crisântemo | Sol | fogo | limpeza, dinheiro, alcoolismo |
| Damiana | Marte | fogo | amor, meditação, psiquismo |
| Erva boa | Mercúrio, Lua | ar | saúde, amor, limpeza, dinheiro |
| Erva mate | Sol | fogo | limpeza, amor, exorcismos, fidelidade |
| Espanta-morto | Saturno | terra | limpeza, exorcismo |
| Eucalipto | Lua | água | saúde, limpeza |
| Feto | Mercúrio | ar | saúde, amor, sonhos |
| Gardênia | Vênus, Lua | água | amor, saúde, meditação, paz |
| Gengibre | Marte | fogo | amor, poder, domínio, proteção, sucesso |
| Gerânio | Vênus | água | amor, saúde, proteção |
| Ginseng | Sol | fogo | energia, saúde, amor |
| Girassol | Sol | fogo | amor, saúde, fertilidade, dinheiro |
| Hissopo | Júpiter | fogo | purificação, limpeza, proteção |
| Iombina | Vênus | terra | sedução, amor |
| Íris | Lua, Vênus | água | purificação, psiquismo, sabedoria |
| Jasmim | Lua, Vênus | água | amor, dinheiro, sonhos proféticos |

| Erva | Planetas | Elemento | Usos |
| --- | --- | --- | --- |
| João Conquistador | Marte | fogo | amor, dinheiro, controle dos inimigos, sucesso |
| Jucá | Marte | fogo | purificação, exorcismos, psiquismo, paz |
| Laranja | Sol, Vênus | fogo | amor, dinheiro, saúde, abundância |
| Limão | Lua, Vênus | água | amor, limpeza, vida longa |
| Lírio | Lua, Vênus | água | pureza, paz, destruir feitiços amorosos |
| Louro | Sol | fogo | sucesso, dinheiro, poder, psiquismo |
| Malva | Lua | água | amor, proteção, limpeza |
| Mandrágora | Mercúrio | fogo | amor, dinheiro, poder, saúde |
| Manjericão | Marte | fogo | amor, limpeza, prosperidade |
| Manjerona | Mercúrio | ar | proteção, limpeza, sorte, dinheiro, saúde |
| Menta | Mercúrio | fogo | poder mental, amor, saúde, limpeza |
| Milho | Sol, Vênus | terra | sorte, dinheiro, proteção, prosperidade |
| Morango | Vênus | água | amor, sorte, prosperidade |
| Murta | Vênus | água | amor, fertilidade, paz, dinheiro |

| Erva | Planetas | Elemento | Usos |
|------|----------|----------|------|
| Noz | Sol | fogo | saúde, poder mental, fertilidade |
| Olmo | Saturno | água | amor, poder, fertilidade |
| Orquídea | Vênus | ar | amor, paz, harmonia, prosperidade |
| Papaia | Lua | água | amor, proteção, dinheiro |
| Pazote | Marte | fogo | exorcismos, desenvolvimento |
| Peônia | Sol | fogo | sorte, dinheiro, limpeza |
| Pepinilho | Lua | água | saúde, fertilidade, castidade |
| Pêra | Lua, Vênus | água | amor, abundância, processos judiciais |
| Pimenta | Marte | fogo | poder, dinheiro, limpeza |
| Pimenta malagueta | Marte | fogo | poder, sucesso, apressar conquistas |
| Pimentão | Marte | fogo | controle dos inimigos, sucesso, amor |
| Pinha | Sol | fogo | sorte, dinheiro, saúde |
| Pinheiro | Marte | ar | poder, sucesso, dinheiro, saúde, limpeza |
| Poejo | Marte | fogo | sucesso, força, paz |
| Raiz Adão e Eva | Vênus | água | amor, união, matrimônio, alegria |
| Repolho | Lua | água | amor, dinheiro, prosperidade |

| Erva | Planetas | Elemento | Usos |
|------|----------|----------|------|
| Retira maldição | Marte | fogo | exorcismos, poder, desenvolvimento |
| Romã | Mercúrio | fogo | limpeza, fertilidade, saúde, amor, dinheiro |
| Rosa | Vênus | água | amor, saúde, sorte, poder, proteção |
| Sabugueiro | Vênus | água | limpeza, saúde, proteção |
| Salgueiro | Lua Vênus | água | amor, proteção, saúde |
| Salsa | Mercúrio | ar | paixão, dinheiro, purificação |
| Salsaparrilha | Júpiter | fogo | amor, dinheiro, limpeza |
| Sálvia | Júpiter | ar | saúde, proteção, limpeza, vida longa |
| Sargaço | Lua | água | limpeza, feitiços com o mar, psiquismo |
| Semente de sena | Mercúrio | ar | amor, fertilidade |
| Sempre-viva | Júpiter | ar | amor, sorte, proteção, vida longa |
| Tabaco | Marte | fogo | saúde, poder, sucesso |
| Tâmara | Sol | ar | impotência, fertilidade, dinheiro |
| Tanchagem | Vênus | terra | amor, saúde, proteção |
| Tartago | Marte | fogo | limpeza, poder, exorcismos |

| Erva | Planetas | Elemento | Usos |
|------|----------|----------|------|
| Tonca | Vênus | terra | amor, dinheiro, sucesso |
| Trevo | Mercúrio | ar | sorte, dinheiro, proteção, sucesso |
| Trigo | Sol, Vênus | ar | dinheiro, fertilidade |
| Tulipa | Vênus | terra | amor, proteção, dinheiro |
| Uva | Lua, Vênus | água | fertilidade, poder mental, dinheiro |
| Valeriana | Vênus | água | amor, limpeza, sonhos proféticos |
| Verbena | Vênus | água | amor, dinheiro, proteção, paz, sorte |
| Violeta | Vênus | terra | proteção, amor, paz, sorte, psiquismo |

Como o leitor terá notado, o planeta que rege uma erva não está necessariamente associado com o elemento ao qual pertence. Por exemplo, algumas ervas associadas com o Sol não pertencem ao elemento fogo que é o elemento do Sol. Isto se repete ao longo da lista.

Mais adiante, na seção de feitiços e sortilégios, apresentarei vários trabalhos mágicos que os bruxos fazem com algumas dessas ervas.

**Advertência**: Certas plantas, como açafrão, ameixeira, bálsamo de Gilead, cipreste, etc., podem ser venenosas ou fatais se comidas, bebidas, postas em contato com feridas na pele ou inaladas quando queimadas como incenso. Deve-se ter essa cautela ao trabalhar com qualquer planta. A venda e o uso de algumas ervas são restringidos por lei, e inclusive a posse de muitas delas pode ser ilegal. Estude cada planta que aplica em seu corpo consultando um livro sobre ervas confiável.

# As cores

Os bruxos usam muito as cores em suas práticas mágicas. Existem 7 cores básicas no espectro solar: vermelho, laranja, amarelo, verde, azul-claro, azul-índigo e violeta. Essas são as mesmas cores que vemos no arco-íris, já que este é formado por luz difratada ou dividida. Elas também fazem parte de cada raio de luz branca. O preto é ausência de luz e de cor.

Na realidade, só existem 3 cores primárias, o vermelho, o amarelo e o azul. Todas as cores que conhecemos são formadas por uma mistura dessas cores. Em alguns matizes acrescenta-se o branco ou o preto. Se analisarmos o espectro solar, podemos ver que o laranja, que continua o vermelho, é uma combinação do vermelho com amarelo, que continua o laranja no espectro solar. O verde é uma combinação de amarelo e azul. O violeta, do vermelho e do índigo, já que o espectro solar se superpõe e o violeta e o vermelho se encontram no seu final.

As cores estão associadas aos planetas, aos signos do zodíaco e aos elementos. O amarelo é associado ao elemento ar; o vermelho, ao elemento fogo; o azul, ao elemento água, e o verde ao elemento terra. Os signos zodiacais também têm as suas cores:

Áries          vermelho
Touro         verde

| | |
|---|---|
| Gêmeos | laranja |
| Câncer | azul-claro/prateado |
| Leão | amarelo-dourado |
| Virgem | azul-cinza/marrom |
| Libra | azul-róseo |
| Escorpião | vinho |
| Sagitário | azul-índigo |
| Capricórnio | preto |
| Aquário | violeta |
| Peixes | verde-claro |

As cores dos planetas são as seguintes:

| | |
|---|---|
| Sol | amarelo-dourado (Leão) |
| Lua | violeta-prateado (Câncer) |
| Mercúrio | laranja (Gêmeos, Virgem) |
| Vênus | verde (Touro, Libra) |
| Marte | vermelho (Áries, Escorpião) |
| Júpiter | azul-índigo (Sagitário) |
| Saturno | preto (Capricórnio) |
| Urano | violeta (Aquário) |
| Netuno | verde-claro (Peixes) |
| Plutão | vinho (Escorpião) |

Como podemos observar nessa lista, as cores dos planetas, na sua maioria, são as mesmas dos signos zodiacais que eles regem.

Os bruxos usam as cores para fazer saquinhos para proteção e sorte, para invocar espíritos elementais ou planetários, na magia dos cordões e para curas. Para os saquinhos de proteção, usam a cor do seu signo. Se desejam amor, usam o verde, que é a cor de Vênus; se querem dinheiro, o amarelo ou o azul, as cores do Sol e de Júpiter, os planetas associados ao dinheiro e à prosperidade. Eles enchem os saquinhos com ervas, pedras e outros amuletos naturais relacionados com o que o bruxo quer atrair para si.

Para invocar espíritos elementais ou planetários, usam as cores associadas ao elemento ou planeta correspondente.

*Cromoterapia* é a cura através das cores, pois "cromo" é uma palavra grega que significa cor. Segue uma relação das cores do espectro solar e das doenças que se acredita que podem curar.

**Vermelho**: é uma cor dinâmica e estimulante, sendo usada para doenças do sangue, contra a anemia, doenças do fígado e da circulação e para fortalecer uma pessoa fraca.

**Laranja**: freqüentemente usada para doenças respiratórias, como asma e bronquite, e para combater a depressão.

**Amarelo**: age como sedativo e é excelente para doenças do estômago e problemas digestivos. Também usado contra a constipação e problemas de menstruação. Alivia temores e fortalece a mente.

**Verde**: esta é a cor mais usada na cromoterapia, pois é excelente para todo tipo de cura. É especialmente eficaz para doenças do coração, dores de cabeça, úlceras e contra o câncer. Também fortalece o sistema imunológico.

**Azul-claro**: usado especialmente para aliviar inflamações, tanto externas como internas. É excelente para curar queimaduras e feridas. Também se usa para abrandar o reumatismo, a artrite e dores musculares.

**Azul-índigo**: aplicado para enfermidades dos olhos, para a cegueira e em especial contra a catarata. Excelente também para melhorar a surdez, para dissipar temores e curar problemas emocionais.

**Violeta**: muito eficaz em desequilíbrios mentais, para equilibrar o sistema nervoso e também para a calvície. Excelente para desenvolver poderes psíquicos, como telepatia, intuição e clarividência. Ajuda a aliviar a insônia e favorece sonhos proféticos.

Em ações curativas, as cores são usadas de vários modos. Um dos mais eficazes e fáceis é colocar um tecido da cor associada à enfermidade sobre o lugar afetado. Deixa-se o tecido em contato com a região por um mínimo de uma hora diária, tempo que a pessoa aproveita para relaxar. Em casos de fraqueza excessiva, anemia ou doenças do sistema circulatório, situações essas em que se aplica o vermelho, o tecido deve cobrir a pessoa inteira. Podem-se usar também focos coloridos. O paciente se deita de costas rodeado de várias lâmpadas elétricas acesas, da cor associada com a doença. A sala deve ficar totalmente escura para que a cor vibre sobre a pessoa com a maior intensidade possível. A pessoa que recebe este tratamento de luz cromática deve permanecer nessa posição durante uma hora diária, pelo menos. Esta é uma das formas mais poderosas e eficazes da cromoterapia.

Os bruxos também costumam tomar sucos ou infusões de frutas da cor relacionada com a doença que desejam curar. Antes de bebê-lo, vertem o suco numa garrafa previamente pintada com a cor adequada; fecham a garrafa hermeticamente e a deixam junto a uma janela por várias horas durante o dia na Lua Crescente para que absorva as energias solares. Para multiplicar a energia do líquido, em geral prendem uma pedra da mesma cor na tampa da garrafa. Esses líquidos, carregados com a cor curativa e o poder da luz solar, são remédios naturais excelentes contra muitas doenças.

As garrafas coloridas também são usadas para preparar filtros de amor, para atrair dinheiro, para energia e poder magnético. São sempre preparadas na Lua Crescente, de preferência quando o planeta que rege o desejo está num aspecto favorável. Por exemplo, prepara-se um filtro de amor fervendo vinho tinto com canela, uma pitada de verbena, gengibre, casca de maçã, cravos doces e mel. Coa-se e põe-se o vinho numa garrafa verde, a cor de Vênus, fechando-a com uma rolha a que se fixou um quartzo rosa, uma das pedras associadas ao amor e ao planeta Vênus. Deixa-se a garrafa numa janela durante os sete dias da Lua Crescente, para que absorva os eflúvios do Sol e da Lua. Terminado esse período, refrigera-se o vinho e se oferece uma taça à pessoa que se quer atrair. Se ela o beber, ter-se-á assegurado o amor dela. A pessoa que prepara o filtro também pode tomá-lo sem nenhum perigo.

# Os números

Os bruxos realizam todas as suas magias, rituais e feitiços baseados no poder dos números. Há magias que se fazem durante 3, 7 ou 9 dias. Outras exigem mais tempo. Os nós feitos na chamada escada da bruxa podem ser 9 ou 40, dependendo do que o bruxo quer conseguir. Por exemplo, se o que quer é dinheiro, pega uma escada, que é uma faixa ou um cordão de boa espessura, e depois de levantar o cone do poder, já descrito, concentra-se intensamente no dinheiro que necessita e diz em voz alta "dinheiro", fazendo imediatamente um nó bem apertado. Enquanto faz isso, corre ao redor do círculo mágico. Logo que sente que acumulou bastante energia, volta a dizer "dinheiro" e faz um segundo nó um pouco acima do primeiro. Repete esse procedimento 9 vezes. No dia seguinte, põe à sua frente uma cédula de valor elevado, pega o cordão e desata o primeiro nó sobre a nota dizendo:

> *Este feitiço já está feito*
> *o dinheiro é meu direito.*
> *Multiplique-se o valor,*
> *pelo nove e pelo sete.*

O bruxo repete esse ritual durante 9 dias, até desatar todos os nós, e em seguida leva a cédula no bolso durante 7 dias para completar o feitiço. Feito isso, guarda a nota, símbolo do dinheiro multiplicado que deseja, num lugar seguro ou a põe sobre o altar.

Este feitiço com a escada da bruxa pode ser feito para o amor e para conseguir o que o bruxo possa desejar, usando sempre os números adequados.

Em muitos banhos e limpeza, os bruxos levam em consideração os números, usando certa quantidade de ervas específicas para fazer essas infusões. Para banhos de amor e de dinheiro, são usadas 3, 5 ou 7 ervas. Para limpeza de proteção e exorcismos, usam-se 3, 7 ou 9.

Os signos zodiacais e os planetas também têm números correspondentes e estes também recebem a atenção do bruxo em suas magias mais poderosas.

| | |
|---|---|
| Áries | 9 |
| Touro | 6 |
| Gêmeos | 5 |
| Câncer | 2 |
| Leão | 1, 4 |
| Virgem | 5 |
| Libra | 6 |
| Escorpião | 9 |
| Sagitário | 3 |
| Capricórnio | 8 |
| Aquário | 4 |
| Peixes | 7 |

Os números relacionados com os planetas são:

| | |
|---|---|
| Sol | 6 |
| Lua | 9 |
| Mercúrio | 8 |
| Vênus | 7 |

| Marte   | 5 |
|---------|---|
| Júpiter | 4 |
| Saturno | 3 |
| Urano   | 2 |
| Netuno  | 1 |
| Plutão  | 0 |

Os bruxos também usam a numerologia para que os seus nomes mágicos somem o mesmo número que o nome civil e para que o nome mágico tenha um número de poder como 3, 7 ou 9. Alguns bruxos consideram o 13 um número de muito poder, enquanto outros o evitam como número de azar. A numerologia moderna atribui os seguintes números às letras do alfabeto. Os números usados são de 1 a 9, e por isso várias letras têm o mesmo número.

| a, j, s | 1 |
|---------|---|
| b, k, t | 2 |
| c, l, u | 3 |
| d, m, v | 4 |
| e, n, w | 5 |
| f, o, x | 6 |
| g, p, y | 7 |
| h, q, z | 8 |
| i, r    | 9 |

Segundo essa relação, uma pessoa com o nome Ada Olmo soma 7.

Obtém-se esse número somando o valor das letras que compõem o nome Ada Olmo:

| A | – | 1 |
|---|---|---|
| D | – | 4 |
| A | – | 1 |
|   |   | 6 |

O    – 6
L    – 3
M    – 4
O    – 6
_____
      19 = 1 + 9 = 10 = 1 + 0 = 1

Ada  = 6
Olmo = 1
_____
      7

As somas sempre devem ser reduzidas a um único algarismo. Por isso, Olmo, que soma 19, é reduzido até chegar a um único dígito, que neste caso é o número 1.

Se Ada Olmo quer que o seu nome mágico seja numerologicamente igual ao seu nome civil, deve procurar um nome mágico que lhe agrade. Se a soma desse nome é maior ou menor que o nome civil, ela acrescenta uma ou mais letras até conseguir que ambos os nomes cheguem a um valor idêntico. Por exemplo, se o nome mágico escolhido é Luna, os valores numéricos somam 12, que, reduzido a um único algarismo, soma 3. Ada pode acrescentar um "d", que vale 4, ao final de Luna, transformando o nome em Lunad, que soma 7, igual a Ada Olmo. Ou pode fazer uma combinação de um "a", que vale 1, e um "l", que vale 3, para transformar o nome em Lunala, que também soma 7.

Alguns bruxos mudam seus nomes, adotando outros que somam números de poder, como o 3, 7, 9 ou 21. Existem algarismos compostos, como 11, 21, 22 e 33, que são considerados números mestres. Consideram-se os números 11 e 22 de tanto poder, que só pessoas com grandes poderes mágicos e amplos conhecimentos de numerologia podem trabalhar com eles. O 21 é um número de grande força, já que é um 7 multiplicado por 3. O 33 tem relação com a idade de Cristo e também com a lei do 3 duplicada em poder.

Os valores numéricos das letras também são usados para fazer sortilégios e feitiços de todas as espécies. Uma prática comum entre muitos bruxos é escrever um desejo específico num papel e em seguida reduzir esse desejo a um algarismo. Esse número é então escrito nas palmas das mãos e nas plantas dos pés com tinta mágica todos os dias até conseguir o desejado.

Pode-se fazer isso para atrair o amor de uma pessoa, para conseguir dinheiro ou qualquer outra coisa que se queira.

Há várias formas de preparar a tinta mágica. Uma das mais populares é dissolver a resina conhecida como sangue-de-dragão num pouco de álcool e goma-arábica. Purifica-se essa tintura nos 4 elementos, passando-a pela chama de uma vela vermelha para consagrá-la no elemento fogo; pelo sal para consagrá-la no elemento terra; pela água para consagrá-la no elemento água e pela fumaça do incenso para consagrá-la no elemento ar. Muitos bruxos usam uma pena de ave, consagrada da mesma maneira, para escrever com a tinta mágica.

Há muitas outras formas de usar os números e os valores numéricos de algo para alcançar um desejo.

# Os incensos

A importância do incenso em Wicca e em toda prática mágica é o seu aroma e o modo como este afeta o cérebro. Foram feitos muitos estudos científicos relativos à influência das diferentes fragrâncias sobre o ser humano. Por exemplo, o perfume da menta é usado em algumas escolas para revitalizar os alunos, pois experiências de laboratório comprovaram que esse aroma torna a mente mais alerta. Esta é também a razão por que a maioria das pastas dentifrícias contém o sabor de menta como ingrediente principal, já que ajuda a quem a usa a sentir-se refrescado e atento. Constatou-se também que a canela induz sentimentos cálidos e amorosos e muitos neurologistas a consideram afrodisíaca. A baunilha, o café e o tabaco favorecem o relaxamento em quem está em contato com esses aromas.

Por isso, o uso de certos aromas em forma de incenso é muito comum na prática da magia.

Os bruxos sabem que todos os odores afetam o subconsciente humano ajudando a liberar poderosas energias psíquicas durante rituais importantes. Cada planeta, cada elemento e toda entidade espiritual podem ser contatados através dos incensos que lhes são dedicados. Conforme vimos na seção sobre ervas, estas estão associadas a um planeta e a um elemento. As ervas são freqüentemente usadas em incensos planetários e elementais, sendo queimadas em combinações especiais. As entidades espirituais, tan-

to as negativas como as positivas, também estão associadas a certos planetas e elementos. Quando se conhece o elemento e o planeta correspondentes a uma entidade particular, sabe-se imediatamente quais ervas devem ser
usadas para entrar em contato com ela. Por exemplo, o arcanjo Rafael está
relacionado com o elemento ar e também com o Sol e com Mercúrio. De
acordo com a lista de ervas que já apresentei, um incenso adequado para
contatar Rafael incluiria folhas de álamo (Mercúrio e Ar), manjerona (Mercúrio e Ar), salsa (Mercúrio e Ar), trigo (Sol e Ar) e pedacinhos de tâmaras
(Sol e Ar). Este incenso inclui ervas de Mercúrio e do Sol, além do elemento Ar. Para tornar o aroma mais agradável, acrescenta-se uma das espécies
e resinas comuns mais freqüentemente associadas ao elemento e aos planetas como indica a relação abaixo.

| Resinas e espécies | Planetas | Elemento |
|---|---|---|
| Mirra | Saturno | terra |
| Nardo (Spikenard) | Saturno, | terra, |
|  | Mercúrio | ar |
| Patchuli | Saturno | terra |
| Cássia | Saturno | terra |
| Sangue-de-dragão | Marte | fogo |
| Assa-fétida | Marte | fogo |
| Mostarda | Marte | fogo |
| Galangal | Marte | fogo |
| Goma-arábica | Sol | fogo |
| Baunilha | Sol | fogo |
| Canela | Sol, | fogo, |
|  | Vênus | terra |
| Franquincenso | Sol | fogo |
| Copal | Sol | fogo |
| Benjoim | Vênus | terra |
| Sândalo | Vênus | terra |
| Estoraque | Vênus, | terra, |
|  | Mercúrio | ar |
| Vetiver | Vênus | terra |
| Anis | Mercúrio | ar |
| Alfazema | Mercúrio | ar |
| Cravo | Mercúrio | ar |
| Bergamota | Mercúrio | ar |

| Resinas e espécies | Planetas | Elemento |
|---|---|---|
| Cânfora | Lua | água |
| Lírio de florência | Lua | água |
| Gálbano | Lua | água |
| Ilangue-ilangue | Lua | água |
| Noz-moscada | Júpiter | fogo |
| Tabonuco | Júpiter | fogo |

No caso do incenso de Rafael, pode-se acrescentar alfazema e anis pelo planeta Mercúrio e o elemento ar e franquincenso e goma-arábica pelo Sol. Isso tornaria esse incenso intensamente aromático e de poder extraordinário.

Para invocar as forças da Lua, inclusive a Grande Deusa e o arcanjo Gabriel, usar-se-iam ervas lunares, como anamu, eucalipto e beldroega, acrescentando-lhe cânfora, ilangue-ilangue e lírio de florência. Este é um incenso lunar de grande potência e aroma poderoso.

Cada entidade espiritual invocada em Wicca ou em qualquer ritual de alta magia requer as ervas, resinas e espécies que atraem esse espírito de acordo com sua associação com os planetas e os elementos. Do contrário, o contato com ela pode não ser possível.

Existe no mercado uma grande quantidade de incensos em forma de varetas, cones, óleos e essências. Muitos deles, principalmente os feitos de resinas ou de certas fragrâncias, como a canela, o jasmim, a rosa ou o franquincenso, são usados em rituais menos importantes ou para purificar o templo ou o lugar onde o ritual vai realizar-se. São também excelentes para livrar um espaço de influências negativas. Um dos incensos mais populares em meditações e purificações deste tipo é o incenso hindu de nome Nag Shampa. Esse incenso é fabricado em varinhas e cones, e é muito usado nos templos da Índia também para invocar a ajuda de deuses hindus, como Ganesha, Lakshmi, Vishnu e Shiva. Também muito populares nos Estados Unidos são os maços de ervas secas que vêm amarrados e prontos para queimar. As ervas mais populares nesses incensos são a sálvia, o cedro e a alfazema. Esse tipo de incenso provém das práticas dos índios nativos americanos.

Também muito populares são os incensos em forma de óleos e essências naturais que se queimam nas lâmpadas de aromaterapia. Este costume está se tornando cada vez mais popular e muitas pessoas usam essas lâmpadas para relaxar e perfumar o ambiente.

Algumas dessas lâmpadas são elétricas, mas a maioria usa uma pequena vela redonda conhecida como vela de chá. A lâmpada tem um pequeno recipiente onde se coloca o óleo ou essência preferida. Debaixo desse recipiente há um espaço onde se põe a vela, a qual ao ser acesa aquece o perfume que então impregna rapidamente a casa. Muitos psicólogos e médicos recomendam as lâmpadas de aromaterapia, ou aromatizadores, para ajudar a relaxar e para o bem-estar de uma pessoa que sofre de tensões, insônia ou *stress*. Os aromas mais recomendados são sândalo, alfazema, menta, canela, rosa e baunilha. Tudo isto indica que a ciência descobriu enfim o efeito que os perfumes têm sobre a mente humana, algo que os bruxos já sabem há muitos séculos.

Segue uma lista dos incensos que os bruxos utilizam mais freqüentemente em seus rituais e cerimônias. Eles podem ser usados sozinhos ou em combinação com outros ingredientes para multiplicar o seu poder. Queimam-se sobre algumas brasas.

**Almíscar**: para o amor e o casamento.

**Assa-fétida**: para limpar o lugar de influências obscuras e em exorcismos.

**Benjoim**: para purificação, prosperidade, poder mental e também em magias amorosas. É um dos ingredientes da tinta mágica.

**Casca de alho**: excelente em purificações e para exorcizar espíritos obscuros.

**Canela**: excelente em incensos de amor e para atrair dinheiro.

**Cominho**: usado especialmente para atrair dinheiro e prosperidade.

**Goma-arábica**: para purificação e proteção do lugar. É outro ingrediente da tinta mágica.

**Louro**: para saúde, sucesso, prosperidade e abundância. Também usado para aumentar o poder mental.

**Cedro**: para proteção, espiritualidade e para obter dinheiro.

**Civeta**: para o amor e o casamento.

**Cravos doces**: para obter dinheiro, proteção, amor e purificação.

**Copal**: para proteção, purificação e promoção da espiritualidade. Também para limpar os cristais de quartzo branco e outras pedras antes de um ritual.

**Sangue-de-dragão**: para o amor, proteção, sucesso e controle de toda situação.

**Feto**: queima-se dentro de casa para exorcizar o mal e, fora, para atrair a chuva.

**Alfazema**: para atrair o amor e a prosperidade.

**Franquincenso ou incenso de igreja**: para proteção, purificação e para invocar forças superiores.

**Mirra**: para curar doenças; para exorcismos, paz e meditações.

**Tabonuco**: para obter dinheiro e prosperidade e para exorcismos.

**Alecrim**: para conciliar o sono, para paz e saúde. Também recomendado para restaurar ou manter a juventude, atrair o amor e poder mental.

**Sálvia**: para obter dinheiro, proteção, espiritualidade e saúde.

**Sândalo**: para o amor e a boa sorte.

**Estoraque**: para dinheiro, abundância e prosperidade. Também para meditar e atrair forças superiores.

**Damiana**: para entrar em transe durante a meditação.

**Mandrágora**: para atrair o amor e a boa sorte.

**Raiz Juan conquistador**: para o amor, obter dinheiro e sucesso.

**Salitre**: para multiplicar o efeito de outros incensos, para atrair dinheiro em grandes quantidades.

**Patchuli**: para amor, dinheiro e boa sorte.

**Lírio de florência**: para o amor e o matrimônio.

**Anis**: para o amor, dinheiro e saúde. Também para proteção e purificação.

**Valeriana**: para exorcismos, meditação e para atrair dinheiro.

Os bruxos preparam combinações de incensos para os diversos signos e para alcançar objetivos especiais. Na continuação, várias dessas fórmulas.

**Incenso de Áries**: duas partes de franquincenso, uma de gengibre, uma de pimenta vermelha e uma de cedro.

**Incenso de Touro**: duas partes de canela, duas de benjoim e umas gotas de óleo de rosas.

**Incenso de Gêmeos**: duas partes de goma-arábica, casca de limão e de laranja raladas, cravos em espécie.

**Incenso de Câncer**: duas partes de mirra, uma de sândalo, uma de eucalipto, casca de limão ralada e uma pitada de cânfora.

**Incenso de Leão**: duas partes de franquincenso, uma de louro, uma de sândalo e uma de canela.

**Incenso de Virgem**: duas partes de tabonuco, uma de patchuli, uma pitada de sal e folhas de salgueiro secas.

**Incenso de Libra**: duas partes de sândalo, uma de canela, uma de verbena e umas gotas de óleo de rosas.

**Incenso de Escorpião**: quatro partes de benjoim, uma de tabonuco, uma de pimenta negra, uma de sândalo e uma de cedro.

**Incenso de Sagitário**: uma parte de estoraque, uma de cravos, a casca de uma romã ralada e umas gotas de âmbar-gris.

**Incenso de Capricórnio**: duas partes de sândalo, uma parte de benjoim, uma de patchuli e pó de pedra-pomes.

**Incenso de Aquário**: uma parte de tabonuco, uma parte de folhas de cipreste e uma de damiana.

**Incenso de Peixes**: uma parte de salgazo, uma parte de mirra, uma de eucalipto e casca de limão ralada.

**Incenso para dinheiro**: duas partes de franquincenso, uma de canela, uma de noz-moscada, casca de limão e de laranja ralada e uma de louro.

**Incenso para o amor**: duas partes de sangue-de-dragão, uma de lírio de florência, uma de canela, uma de pétalas de rosas vermelhas, uma de patchuli e uma de almíscar.

**Incenso para consagrar amuletos, jóias, pedras e talismãs:** uma parte de estoraque, uma de franquincenso, uma de benjoim e uma de mirra.

**Incenso para sorte nos negócios:** duas partes de benjoim, uma de canela e uma de manjericão.

**Incenso para limpar de influências impuras o lugar:** três partes de franquincenso, três de copal, duas de mirra e uma de sândalo.

**Incenso para desfazer maldições e bruxarias:** duas partes de sândalo e uma de louro. Queima-se durante sete noites seguidas na Lua Minguante.

**Incenso para sonhos proféticos:** duas partes de sândalo, uma de pétalas de rosas brancas, uma de cânfora, uma de flores de açucena e umas gotas de óleo de jasmim.

**Incenso poderoso para afastar problemas, perigos e pessoas importunas:** três partes de franquincenso, duas de sangue-de-dragão, duas de mirra, uma de alecrim, uma de assa-fétida, uma de pimenta, uma de arruda e uma de casca de alho.

**Incenso da Lua:** três partes de franquincenso, uma de sândalo e uma de cânfora.

**Incenso para assuntos relacionados com documentos:** duas partes de benjoim, duas de franquincenso, uma de alfazema e uma de manjerona seca.

**Incenso para evocar espíritos:** uma parte de anis, uma de alfazema, uma de semente de coentro e uma de semente de cardamomo.

**Incenso para obter visões:** três partes de franquincenso, uma de louro e uma de damiana. Queima-se durante as meditações.

**Incenso universal:** três partes de franquincenso, duas de benjoim, uma de mirra, uma de sândalo e uma de alecrim. Usa-se este incenso para toda espécie de rituais mágicos positivos e para invocar as forças cósmicas.

# Óleos, banhos, resguardos

Os óleos mais populares e eficazes são conhecidos como óleos essenciais e recebem esse nome porque são concentrados. Basta uma gota de um óleo essencial para impregnar todo o ambiente. Os óleos essenciais são usados especialmente nas lâmpadas de aromaterapia.

Os bruxos preferem preparar os seus próprios óleos e infusões fervendo as ervas, flores ou folhas da fragrância que necessitam. O óleo de rosas, por exemplo, é preparado fervendo pétalas de rosas em óleos puros, como o de jojoba, que se consegue em lojas de produtos naturais. Da mesma maneira, pode-se preparar óleo de canela, de alfazema, de gardênia, de menta e de outros aromas. A vantagem desses óleos é que são puros, sem substâncias conservantes que possam contaminá-los. Pode-se também preparar essências macerando flores ou ervas em álcool durante várias semanas. Conservam-se as flores ou ervas com álcool num recipiente escuro bem fechado. Em seguida coa-se o líquido e o resultado é uma fragrância pura e natural. Usa-se o álcool de madeira, o "álcool etílico", não o álcool isopropil comprado nas farmácias. As ervas que se maceram no álcool devem ser secas, já que as frescas contêm muita água e o seu aroma se dilui no álcool.

Uma das ervas com maiores poderes mágicos é o ditamno de Creta (*Dittany of Crete*). Esta é uma erva muito difícil de conseguir, mas as lojas especializadas em ervas exóticas às vezes a têm. Com ela, os bruxos preparam um óleo muito poderoso para uso em viagens astrais; eles a fervem em óleo de jojoba com canela, jasmim, sândalo e benjoim em partes iguais. O resultado é uma espécie de ungüento voador que transporta a pessoa a outros planos de existência. Ele é usado passando-o em todo o corpo. Não é alucinógeno nem perigoso, mas estabelece conexões com o subconsciente e ajuda a entrar no transe que leva à viagem astral.

Outro ungüento popular entre as bruxas é preparado fervendo óleo de jojoba com sândalo, canela, pétalas de craveiro e verbena. Este ungüento deve ser conservado num recipiente assinalado com um pentagrama ou estrela de cinco pontas. É usado para chegar à união total com a Grande Deusa ou Mãe Cósmica e seu Divino Consorte.

Para atrair riquezas, os bruxos utilizam um ungüento preparado com cera de abelha — que se consegue nas lojas de produtos naturais — misturada com umas gotas de óleo de patchuli, óleo de cravos doces, óleo de manjericão e óleo de carvalho. Esses óleos são preparados previamente fervendo as ervas ou substâncias em óleo de jojoba. Esfrega-se o óleo nas mãos todos os dias. Também para abundância, prosperidade e para a saúde, usa-se o ungüento do deus do Sol, preparado misturando-se cera de abelha com óleo de franquincenso, óleo de laranja e óleo de canela.

Para o amor, misturam-se óleos de ilangue-ilangue, alfazema, cardamomo e extrato de baunilha com cera de abelha. Passa-se este ungüento em todo o corpo antes de um encontro amoroso.

Para favorecer a cura de doenças, mistura-se cera de abelha com óleos de cedro, sândalo, eucalipto e canela. Passa-se o óleo em todo o corpo. Porém, não se deve usá-lo sobre queimaduras ou feridas abertas. Em todos esses ungüentos, derrete-se a cera de abelha antes de misturá-la com os óleos naturais. Em seguida, ao esfriar, a cera solidifica-se novamente.

O óleo da Lua também é preparado com cera de abelha misturada com óleo de sândalo, de limão e de rosas. Este ungüento ajuda a estabelecer contato com a Deusa da Lua ou Mãe Cósmica e é especialmente eficaz nos rituais da Lua Cheia.

Um dos ungüentos mais famosos de Wicca é o ungüento voador dos bruxos. Durante a Idade Média, acreditava-se que os bruxos voavam em vassouras, mas na realidade o que faziam era usar o ungüento voador, o qual, devido às substâncias alucinógenas que o compunham, criava a ilusão de que voavam. Na seqüência, incluo duas fórmulas desse ungüento voador. A primeira é extremamente tóxica e não deve ser usada em hipótese nenhuma já que contém drogas muito perigosas. A segunda não é tóxica e pode ser usada sem perigo nenhum. Não é tão forte como a primeira, mas tem fama de ser muito eficaz.

## Ungüento Voador nº 1 (tóxico)

Acônito
Beladona
Cicuta
Maconha
Haxixe
Salsa
Estes ingredientes eram reduzidos a pó e misturados com banha de porco.

## Ungüento Voador nº 2 (não tóxico)

Óleo de sândalo
Óleo de jasmim
Benjoim
Óleo de gengibre
Ditamno de Creta em pó

O ditamno de Creta é misturado com os óleos. A pessoa passava os dois ungüentos pelo corpo todo para obter a sensação de que estava voando. Durante esses vôos imaginários, ela tinha todo tipo de alucinações e de visões extraordinárias.

Os óleos e os ungüentos são usados em Wicca regularmente. Os bruxos que não têm tempo para preparar seus próprios óleos usam óleos essenciais. Esses óleos não são baratos, já que têm como base fortes concentrações de cada substância, mas são ideais na prática da magia porque são legítimos, não imitações. Pode-se adquiri-los em muitas lojas especializadas em substâncias mágicas. É importante lembrar que o bruxo faz tudo através de rituais e que tem muito cuidado em observar as fases da Lua durante os seus trabalhos mágicos. Mesmo algo tão aparentemente simples como a preparação de um óleo é feito de forma ritualística em Wicca. A seguir, a preparação ritualística de um óleo para atrair dinheiro rapidamente para uma pessoa ou uma casa.

A fórmula do óleo é a seguinte:

7 gotas de óleo de patchuli

5 gotas de óleo de cedro

4 gotas de óleo de vetiver

2 gotas de óleo de gengibre

óleo de jojoba

Prepara-se o óleo durante a Lua Crescente. O bruxo já tem à mão um recipiente de vidro esterilizado. Voltado para o leste, concentra-se no dinheiro, em muito dinheiro que lhe chega através desse óleo. Em seguida, derrama 1/8 de xícara de óleo de jojoba no recipiente. Enquanto continua visualizando a quantidade de dinheiro que precisa, acrescenta 7 gotas de óleo de patchuli ao óleo de jojoba. Mexe com alguma coisa que não seja de metal, cheira e continua visualizando. Acrescenta então o óleo de cedro, mexe, cheira e visualiza. O óleo do dinheiro vai ficando cada vez mais forte. Acrescenta depois o óleo de vetiver, que também mexe e cheira enquanto visualiza o dinheiro. Por fim, acrescenta o óleo de gengibre. Este óleo é tão potente, que duas gotas apenas já são suficientes. O bruxo mexe e cheira. O óleo do dinheiro está pronto. O bruxo eleva o recipiente entre as mãos e o apresenta ao leste, ao sul, ao oeste e ao norte, dizendo em cada ponto cardeal que grandes quantidades de dinheiro virão a ele com a ajuda desse óleo.

Ele aguarda então a chegada da Lua Cheia, mantendo o preparado num lugar escuro. Na noite de plenilúnio, ele se despe completamente e unta todo o corpo com um pouco de óleo, enquanto visualiza o dinheiro fluindo rapidamente.

Depois disso, ele aplica o óleo diariamente, mas só nas palmas das mãos. É importante lembrar que quando se pede dinheiro através da magia, nunca se diz de onde ele virá. É preciso deixar que ele chegue à pessoa de forma natural e de qualquer fonte. Também é importante usar um conta-gotas para medir os óleos.

Este óleo e todo óleo mágico também pode ser usado para ungir velas, cristais ou pedras, amuletos, talismãs e saquinhos ou resguardos. Os óleos mágicos também são usados na banheira, derramando algumas gotas na água antes de banhar-se para energizar a aura.

Antes de estudar os banhos rituais dos bruxos, quero descrever várias formas de preparar a tinta mágica. A receita mais tradicional é feita misturando benjoim, goma-arábica e pó de sangue-de-dragão com um pouco de álcool. Esta tinta é vermelha e muito forte. Também se pode preparar um tipo de tinta mágica misturando goma-arábica com suco de beterraba. Outra tinta mágica muito potente é feita com fuligem de chaminé ou com a que fica em volta dos vasos de velas usadas. Mistura-se essa fuligem, que é um pó preto, com algumas gotas de água destilada e goma-arábica. É difícil preparar essa tinta, já que o pó preto suja tudo o que toca, mas ela é de grande poder.

A tinta invisível é preparada misturando suco de limão com um pouco de leite.

Todas as tintas mágicas são usadas com canetas antigas, as que se mergulham na tinta cada vez que se vai escrever ou, de preferência, com penas de aves. A pena utilizada deve ser purificada passando-a por água, incenso, sal e a chama de uma vela vermelha antes de ser usada. Estes são símbolos dos quatro elementos: água, ar, terra e fogo.

A tinta invisível é usada como ajuda na visualização. Quando deseja algo, o bruxo escreve o seu desejo com tinta invisível em papel-pergaminho virgem, que é feito de pele de ovelha. Deixa o papel secar, para que não apareça nada do que ele escreveu. Concentra-se no papel em branco durante alguns minutos, expressando o seu desejo em voz alta várias vezes. Em seguida acende uma vela branca e coloca o papel sobre a chama, cuidando para não queimá-lo. Pouco a pouco o que escreveu vai se tornando visível. Quando vê a escrita no papel, o bruxo diz que da mesma maneira que as suas palavras apareceram sobre o papel assim os seus desejos hão de ser cumpridos. Esta é uma magia simples, mas muito potente.

Os banhos de descarga dos bruxos não são fervidos, como costuma acontecer em muitas partes da América Latina. Esses banhos são preparados em pedaços de tecido de linho ou de estopinha. O tecido deve ser o mais transparente possível, branco ou incolor. No centro da peça, o bruxo coloca uma mistura de ervas de acordo com o que deseja conseguir através do banho, seja limpeza de influências negativas, amor, saúde, dinheiro ou boa sorte. Enquanto mistura as ervas — que devem ser secas — visualiza o que deseja e expressa o seu desejo em voz alta. Amarra a peça com barbante e mergulha o preparado na água da banheira, que deve estar o mais quente possível. As ervas começam a soltar sua energia logo que entram em contato com a água quente. O bruxo espera que a água fique perfumada com o aroma das ervas e que esfrie um pouco. Ele então entra na banheira, relaxa completamente e começa a visualizar o seu desejo. Muitos bruxos colocam velas flutuantes sobre a água para multiplicar as energias. Depois de permanecer no banho por um mínimo de meia hora, termina a sua visualização e escoa a água do banho imaginando que assim também escoam-se da sua vida todos os problemas e obstáculos. Ele retira as ervas usadas durante o banho, deixa o tecido secar e o guarda para outra ocasião. Esses banhos são repetidos três, cinco, sete ou nove vezes, dependendo da necessidade. Como é fácil perceber, um banho assim é muito mais eficaz do que o tomado derramando água nos ombros, porque a influência das ervas está em contato com o corpo por muito mais tempo.

Seguem várias fórmulas de banhos para necessidades diversas.

## Banho contra feitiçarias

4 partes de alecrim
3 partes de tartago
2 partes de louro
1 parte de pazote

## Banho afrodisíaco para o amor

3 partes de pétalas de rosas vermelhas
2 partes de alecrim
2 partes de tomilho
1 parte de murta
1 parte de flores de jasmim ou açucenas
1 parte de alfazema

## Banho para quebrar adições

2 partes de alecrim
1 parte de alfazema
1 parte de folhas de limão
1 parte de verbena
1 parte de sálvia

## Banho para exorcismo

2 partes de manjericão
2 partes de alecrim
2 partes de cominho
1 parte de arruda
1 parte de retira-maldição

## Banho para o amor

3 partes de pétalas de rosas vermelhas
2 partes de canela
2 partes de verbena
2 partes de murta
2 partes de alfazema
2 partes de flores de laranjeira

## Banho para dinheiro

3 partes de patchuli
2 partes de manjericão
1 parte de canela
1 parte de cedro

## Banho de purificação ritual

4 partes de alfazema
4 partes de alecrim
3 partes de tomilho
3 partes de manjericão
2 partes de hissopo
1 parte de menta
1 parte de verbena
1 pitada de valeriana

## Banho para despertar poderes psíquicos

3 partes de folhas de limão
2 partes de tomilho
2 partes de casca de laranja
1 parte de cravos doces
1 parte de canela

## Banho das bruxas

3 partes de alecrim
3 partes de pétalas de craveiro vermelho
2 partes de galangal
2 partes de canela
1 parte de gengibre

Os bruxos usam ervas frescas em descargas de aspersão. Quer dizer, usam molhos de ervas amarradas com um cordão ou fita vermelha com os quais borrifam água salgada para limpar as suas casas e o lugar de ritual de toda negatividade. A mistura de ervas geralmente usada neste tipo de limpeza é de menta, manjerona e alecrim.

Também muito comuns em Wicca são almofadinhas preenchidas com ervas, destinadas a diferentes propósitos. Para dormir bem, usam-se almofadinhas de macela ou de erva boa. Para evitar pesadelos, enche-se a almofadinha com anis. Para sonhos proféticos, usa-se louro com uma pedra de jade. Essas almofadinhas são de 8 a 12 centímetros de comprimento por 8 de largura. Para viagens astrais durante o sono, usa-se vetiver, sândalo, pétalas de rosas brancas, uma semente de baunilha e uma pitada de lírio de florência.

As frutas também são usadas na magia de Wicca com diferentes objetivos. Uma magia muito poderosa para o amor utiliza um pomânder preparado com uma laranja, quando a pessoa que se quer atrair é homem, ou um limão verde grande, quando é mulher. O pomânder é preparado incrustando cravos doces em espécie em toda a fruta até recobri-la totalmente. Em seguida, põe-se a fruta num recipiente com a seguinte mistura: canela em pó, açúcar mascavo, coentro em pó, gengibre em pó, lírio de florência em pó, civeta e âmbar-gris. Mergulha-se a fruta nessa mistura, cobrindo-a totalmente e deixando-a no recipiente por duas semanas; mexe-se diariamente. Enquanto se mexe, visualiza-se intensamente o amor da pessoa desejada. Em seguida, retira-se o pomânder do recipiente, distribuindo 7 velas cor-de-rosa ungidas com óleo de canela ao seu redor. As velas queimam durante 7 minutos, tempo durante o qual se visualiza que o amor da pessoa já é do bruxo ou bruxa.

Em seguida, amarra-se uma fita rosa comprida na cabeça de um prego e enterra-se o prego em cima do pomânder, o qual se coloca num lugar onde possa ser visto diariamente. Movimenta-se o pomânder todos os dias para que espalhe sua forte fragrância pela casa. Esta é uma magia amorosa de grande poder.

Os resguardos são bolsinhas ou saquinhos com pós, ervas, pedras, amuletos, talismãs e outros ingredientes que se levam na carteira ou no bolso para proteção e ajuda em diversos aspectos da vida. Também são conhecidos como *sachês, ouangas* e *yu-yus*. Em sua maioria, essas bolsinhas são vermelhas, pois essa cor é símbolo do poder e da paixão, mas muitos bruxos preferem as verdes ou amarelas para atrair dinheiro. Também são usados saquinhos de cor preta com runas para acumular poder. A seguir, vários resguardos com diferentes propósitos.

## Resguardo para o amor

    Bolsinha vermelha como símbolo de paixão
    Pétalas de rosas vermelhas
    Verbena
    Canela
    Raiz Adão e Eva
    Lírio de florência
    Uma rodocrosita
    Uma opala-de-fogo
    Um quartzo rosa
    Dois ímãs

As pedras dos resguardos são usadas em bruto para maior potência. Isso também as torna muito mais econômicas que as polidas, que podem ser muito caras.

## Resguardo para o dinheiro

    Bolsinha verde
    Patchuli
    Canela
    Cominho
    Cravos doces
    Âmbar
    Jade
    Aventurina
    Pirita

## Resguardo para ganhar no jogo

Bolsinha verde
Patchuli
Noz-moscada
Louro
Açucena
Um ímã
Um dado verde
Uma malaquita
Uma chapinha de cobre

## Resguardo para proteção do carro

Bolsinha azul
Alecrim
Manjericão
Verbena
Um quartzo branco
Uma pitada de sal

## Resguardo para proteção durante viagens

Bolsinha amarela
Mostarda em pó
Salgazo
Pó sangue-de-dragão
Alume
Uma turquesa
Uma ametista

## Resguardo para adquirir riquezas

Canela
Folhas de limão
Uma semente de baunilha
Uma semente de tonca (cumaru)
Cravos doces
Um carborundum (pedra especial para riquezas)
Uma pirita
Folhas de trevo (pode-se usar um amuleto em forma de trevo)

As poções mágicas são muito populares entre os bruxos. Uma das formas mais famosas é o *Néctar de Levanah*, que é um dos nomes da Lua. O Néctar de Levanah é preparado na Lua Nova e na Lua Cheia para conectar-se com as forças lunares e obter poder e energias. O néctar é preparado da maneira descrita a seguir.

# O Néctar de Levanah

Bate-se uma clara de ovo a ponto de merengue e acrescenta-se nata, açúcar e vinho branco. Verte-se o líquido numa taça azul que tenha uma meia-lua prateada inscrita ou pintada na superfície. Existe uma taça especial para este néctar, que se pode adquirir em lojas de instrumentos mágicos. Ela tem a haste em forma de meia-lua.

Depois de verter o néctar na taça, acrescenta-se uma pedra-da-lua e se deixa numa janela ou num lugar onde se veja o firmamento e se possível a Lua. Diante da taça acende-se uma vela prateada em nome das forças lunares e da Deusa Branca ou Mãe Cósmica. Queima-se a vela durante uma hora e em seguida bebe-se o néctar. Repete-se a cada Lua Nova e Cheia.

Os bruxos são muito cuidadosos em suas poções e só usam água destilada ou engarrafada para ter garantia da sua pureza. A seguir, você encontra várias fórmulas de poções ou bebidas populares em Wicca.

## *Fórmula afrodisíaca para despertar a paixão*

Alecrim
Tomilho
Chá em folhas

Coentro (sementes)
Menta
5 botões de rosa cor-de-rosa
5 folhas de limão
Noz-moscada
Casca de laranja
Gengibre

Fervem-se 3 ou 4 xícaras de água numa chaleira, acrescentando-a aos ingredientes. Depois de meia hora, acrescenta-se mel para adoçar o líquido. Deve-se tomar quente; é extremamente afrodisíaco.

## Fórmula para adquirir clarividência (não se ingere, aspira-se apenas o aroma)

Pétalas de rosas brancas
Canela
Noz-moscada
Louro
Ditamno de Creta

## Fórmula para sonhos proféticos

Pétalas de rosas
Erva boa
Canela
Flores de jasmim

Os ingredientes são acrescentados numa xícara de água fervida durante meia hora. Em seguida, acrescenta-se mel e se toma o líquido antes de dormir.

## Água da Lua

Enche-se um recipiente de prata com água destilada ou engarrafada e se coloca onde incidam os raios da Lua Cheia quando esta começa a aparecer, quando do ocaso do Sol. A Lua deve iluminar a água durante toda a noite. Ao amanhecer, antes do nascer do Sol, verte-se a água num recipiente de barro, fechando-o bem. Guarda-se o preparado num lugar escuro. Esta água lunar é excelente para atrair o amor, o dinheiro e despertar poderes psíquicos. Apenas molham-se as mãos ou a testa com um pouco da água quando necessário.

## Água do Sol

Enche-se um recipiente de cristal com água destilada ou mineral, colocando-o onde incidam os raios do Sol, desde o amanhecer até o ocaso. Verte-se o líquido numa garrafa esterilizada e fecha-se bem. Esta água solar é excelente para purificação, energias, saúde, e principalmente para atrair dinheiro. Usa-se para borrifar a casa ao amanhecer durante três dias seguidos, todos os meses. Deixa-se a garrafa com o líquido onde haja incidência diária dos raios do Sol. É irrelevante se os raios da Lua também incidem.

## Fórmula de purificação

Misturam-se 9 ervas ou flores sagradas, como alecrim, verbena, arruda, carvalho, folhas de pinheiro, acácia, rosas, cravos, tomilho, manjericão, jasmim, erva boa e outras semelhantes. Põem-se as ervas num recipiente que não seja de metal e acrescenta-se água da chuva e água pura. Guarda-se o recipiente, bem fechado, num lugar escuro durante 3 dias. Em seguida, coa-se o líquido, transferindo-o a um recipiente bem fechado. Essa água é excelente para borrifar a casa ou para passar por todo o corpo já que dispersa toda vibração impura e afasta a má sorte.

## Fórmula para proteger a casa

Arruda
Alecrim
Vetiver
Hissopo
Agárico

Estas ervas são fervidas em água pura; usa-se o líquido para borrifar as portas e as janelas da casa. Depois de filtrado, escoa-se o restante do líquido pelo ralo, para purificar tudo o que sai por ele. Não se deve beber essa água.

## Fórmula para o amor

Vinho tinto
Canela
Gengibre
Baunilha

Os ingredientes são acrescentados à garrafa de vinho e tudo guardado por três dias. Em seguida se serve à pessoa amada.

## Fórmula contra insônias e pesadelos

Pétalas de rosas brancas
Murta
Verbena

As pétalas de rosas são postas num recipiente de água por 3 dias. Cada dia acrescentam-se mais pétalas à água. No terceiro dia, ao amanhecer, acrescenta-se a murta e a verbena. O líquido fica no recipiente o dia todo. É então coado e guardado numa garrafa bem fechada. Passa-se um pouco desse líquido na testa três vezes, à noite antes de dormir. Isso garante sonhos claros e livres de pesadelos.

## Fórmula do Mel da Bruxa

Esta poção é usada para atrair o amor, a amizade e sentimentos de bem-estar. Acrescenta-se em pequenas quantidades à comida e à bebida.

Duas xícaras de mel
Canela em rama
Cravos doces
Gengibre açucarado (um pedacinho)
Casca de limão
Baunilha
Uma pitada de cardamomo em pó

Energizam-se os ingredientes enviando-lhes pensamentos de amor, de harmonia e do poder da bruxa. Devem ficar num recipiente de cristal bem fechado, uma vela rosa acesa em cada lado. Derretidas as velas, guarda-se o recipiente durante 3 semanas antes de usar.

## Água de guerra

Esta é uma fórmula que os bruxos usam quando enfrentam um inimigo perigoso do qual querem proteger-se. Coloca-se um quilo de pregos num recipiente com água, acrescentando um pouco de água da chuva. A água é fervida durante meia hora em fogo alto. Filtra-se e verte-se o líquido numa garrafa escura, fecha-se bem e guarda-se por 7 dias num lugar onde não incida luz. Serve para esfregar as mãos, os pés e o peito diariamente enquanto dure o problema com a pessoa. Esse procedimento dá grande poder ao bruxo sobre esse indivíduo e o ajuda a vencer a batalha. A água de guerra é muito popular em casos judiciais.

# VELAS E SEUS USOS

As velas são de primordial importância nos ritos e magias de Wicca, como aliás em toda prática mágica. Muitos bruxos preferem preparar suas próprias velas porque acham que as comerciais não são eficazes. Para fazê-las, começam derretendo cera virgem, a que acrescentam cores vegetais. Em seguida derramam um pouco da mistura ainda quente sobre papel parafinado, colocam um barbante de comprimento apropriado no centro e enrolam a cera sobre o papel, formando um tubo. Tiram-no do papel imediatamente e o põem sobre uma mesa para secar. Repetem isso várias vezes até ter uma boa quantidade de velas. Em seguida, cortam as extremidades do barbante para ter um pavio de tamanho adequado. O processo se repete para as cores que o bruxo usa com mais freqüência. O que torna este longo processo desejável é que se pode acrescentar às velas ingredientes mágicos na forma de pós e óleos. Preparam-se assim velas especiais para o amor, o dinheiro e outros propósitos mágicos. Muitos bruxos preparam dessa maneira só as velas brancas de ritual, usando velas comerciais nas magias regulares.

Seguem algumas cores de velas mais usadas pelos bruxos, com suas respectivas aplicações.

**Vermelho**: para manter a saúde, para energia, paixão sexual, valor, proteção e defesa contra inimigos.

**Cor-de-rosa**: para o amor, amizade, relaxamento, casamento.

**Laranja**: para atração, energia e para atrair influências benéficas.

**Amarelo**: para desenvolver o intelecto, em adivinhações, em comunicações, eloqüência e viagens. Também para ajudar nos estudos.

**Verde**: para dinheiro, prosperidade, emprego, aumentos, fertilidade, saúde, crescimento.

**Azul-claro**: para curas, paz, paciência, psiquismo e alegria. Também se acendem antes de dormir para ajudar a conciliar o sono.

**Azul-vivo**: para abundância, prosperidade, empréstimos bancários, para pedir ajuda de pessoas influentes.

**Violeta ou arroxeado**: para obter poder, conectar com forças superiores e curar doenças graves. Sete velas violetas acesas em círculo em torno da foto de uma pessoa dão poder sobre esta, se ela não sabe se defender do feitiço.

**Branco**: para proteção, espiritualidade e todo propósito mágico.

**Preto**: para dissipar influências negativas ou absorvê-las. Também usado em magias de destruição e morte. Muitos bruxos recomendam acender velas pretas durante doenças fatais para absorver suas influências destrutivas.

**Castanho**: para destruir feitiços e curar animais domésticos.

Muitos bruxos brancos não usam fósforos para acender velas porque o fósforo é feito de enxofre, que tem vibrações negativas. Outros preferem os fósforos porque acreditam que os isqueiros reduzem a magia do fogo. Uma substância que muitos recomendam é o *salitre:* joga-se uma pitada dele na chama da vela para fazê-la lançar faíscas e aumentar a sua altura. Acredita-se que isso multiplica a energia da chama.

Em muitos rituais e magias, as velas só ficam acesas durante um determinado período de tempo, geralmente uma hora. No dia seguinte, volta-se a acendê-las com o mesmo propósito. Isto torna a magia mais eficaz e duradoura, em vez de deixar que a vela termine por completo. Uma exceção a esta regra são as velas que vêm em vasos e que duram vários dias. Estas, deixa-se queimarem totalmente. Também existem velas de 7 e 9 nós. Cada um desses "nós" é redondo e um sobreposto ao outro. Vêm em cores diferentes, especialmente verde para o dinheiro e vermelho para o amor. Acende-se um nó por dia até a vela terminar, fazendo o pedido do que se deseja obter cada vez que se acende um dos nós.

Uma coisa muito recomendada em Wicca é não assoprar as velas, mas apagá-las com o dedo ou com um apagador de velas. As igrejas cristãs também usam o apagador.

Antes de ser acesas, as velas são ungidas com óleos especiais, para multiplicar a sua energia. É importante lembrar que cada vela tem um pólo norte (a base) e um pólo sul (o pavio). Por isso, para não destruir a polaridade da vela, não se deve passar os óleos de cima para baixo. Aplica-se o óleo do meio para baixo e em seguida do meio para cima. Isto energiza e polariza a vela. Cada vela deve ser colocada num pequeno candelabro. Não tendo um candelabro, pode-se usar um castiçal ou um pires, mas nos rituais são preferíveis os candelabros.

Veja alguns rituais simples em que os bruxos usam velas coloridas.

## Para curar uma doença

Acendem-se 3 velas azul-claras e 3 violeta em seus candelabros em forma de círculo, alternando as cores. No meio, coloca-se a foto da pessoa doente. Antes de acendê-las toma-se cada vela na mão, energizando-a com pensamentos positivos de saúde para a pessoa. Em seguida, acendem-se as velas, deixando-as queimar completamente. O ritual é repetido durante 3 dias na mesma hora.

## Para amarrar dinheiro a uma vela

Este ritual é feito para amarrar o dinheiro ou atraí-lo, ou para conseguir algo que se deseja. Coloca-se a vela num candelabro, usando-se a verde para dinheiro, rosa para o amor, azul-vivo para a prosperidade ou violeta para curar uma enfermidade. Antes de acendê-la, pega-se a vela nas mãos, energizando-a mentalmente e expressando em voz alta o que se quer amarrar. Para energizá-la de acordo com o que se deseja, pode-se usar uma das fórmulas de óleo das páginas anteriores. Em seguida, toma-se um cordão ou fita da mesma cor da vela, esticando-o bem e repetindo o que se deseja amarrar. Em seguida, amarra-se o cordão no meio da vela, fazendo um nó e dizendo: Com poder e por direito, este amarrado já está feito.

Faz-se um segundo nó, repetindo as mesmas palavras, continuando o processo até completar 7 nós. Em seguida, acende-se a vela, deixando-a queimar totalmente. Repete-se o procedimento diariamente com uma vela nova, durante 21 dias.

## Para o amor

Num pedaço de tecido cor-de-rosa, bordam-se as iniciais das duas pessoas. As iniciais de quem faz o trabalho são bordadas sobre as outras. Em seguida, em torno das iniciais, borda-se um coração. Coloca-se em cima canela, açúcar mascavo, pétalas de rosas cor-de-rosa e também um castiçal com uma vela rosa acesa. Para ungir a vela, pode-se usar óleo para o amor. Acende-se a vela por uma hora, diariamente no mesmo horário, até que termine, dizendo estas palavras: "Meu amor, em teu coração, arde com força e paixão." Depois, envolve-se o que cai da vela no tecido com os demais ingredientes enterrando tudo perto da casa da pessoa ou do lugar por onde ela passa freqüentemente.

## Vela de aniversário

Ao amanhecer o dia do aniversário, a pessoa grava o seu nome com um prego novo numa vela prateada. Em seguida, unge a vela com óleo mineral, cânfora em pó, alume em pó, açúcar branco e pó prateado. Num papel prateado, escreve seu desejo mais ardente, um só. Em seguida acende a vela por 5 minutos cada hora desse dia, lendo o pedido. Uns minutos antes da meia-noite, aproxima-se de uma janela onde possa ver o céu e se possível a Lua.

Eleva a vela entre as mãos e diz: "Deusa Branca, Mãe Minha, concede-me o que pedi, neste dia solene, e dá-me tua bênção." Acende a vela novamente, queima o papel na chama e deixa a vela queimar toda.

## Para dinheiro

Unge-se uma vela verde comprida com óleo mineral misturado com louro, menta, canela e cominho, colocando-a num castiçal rodeado por 7 moedas de prata. Acende-se a vela por uma hora apagando sobre uma das moedas. No dia seguinte, volta-se a acendê-la por uma hora e a apagá-la sobre outra moeda, repetindo o processo por 7 dias, cada vez apagando a vela numa moeda diferente. No último dia, acende-se novamente a vela depois de tê-la apagado, deixando-a se acabar. As moedas são guardadas numa bolsinha verde, colocado-a debaixo do colchão para multiplicar o dinheiro.

## Para controlar um inimigo

Unge-se uma vela vermelha com óleo mineral misturado com pó sangue-de-dragão, pimenta vermelha e um pouco de assa-fétida. Envolve-se a vela de cima a baixo com fio vermelho, de modo que fique bem coberta. Acendendo-a diz-se o seguinte:

> *Tu queres guerra, eu quero paz,*
> *Pelo poder desta vela da minha vida te vás.*

Deixa-se terminar a vela; repete-se o ritual 3 dias seguidos à mesma hora. Em seguida, acende-se uma vela branca ungida com óleo mineral, açúcar e cânfora; percorre-se com ela toda a casa visualizando a pessoa sendo controlada pelas forças do bem e não podendo causar nenhum mal.

## Para a paz do mundo

Unge-se uma vela branca com óleo mineral misturado com alume, hissopo, óleo de rosas, óleo de gardênia e açúcar. Dispõem-se em torno dela 4 quartzos brancos em forma de cruz; os quartzos devem ter a ponta fina e ser o mais claro possível.

Visualiza-se o planeta Terra envolto numa luz brilhante que sai de cada quartzo. Acende-se a vela e pede-se à Grande Deusa ou Mãe Cósmica que envolva o mundo em seu manto de amor e paz. Deixa-se terminar a vela e repete-se por 7 dias seguidos. Este ritual é especialmente eficaz quando há ameaça de guerra em algum lugar do planeta.

# O espelho mágico

Os bruxos adotam vários sistemas de adivinhação, entre os quais as runas, as cartas do tarô, a bola de cristal e, especialmente, o Espelho Mágico ou Espelho Negro. Este método de adivinhação é conhecido como "escriar". Para preparar o espelho mágico, o bruxo obtém um pedaço de vidro redondo, de preferência côncavo. Pinta a parte convexa do cristal com tinta preta fosca. A parte côncava também ficará preta, refletindo a cor do lado oposto, mas com o ligeiro brilho que lhe dá a sua superfície de cristal. Este é o espelho negro. Antes de usá-lo é necessário consagrá-lo nos quatro elementos, terra, água, fogo e ar. O bruxo coloca um pouco de sal, que representa o elemento terra, dentro do espelho negro, e diz: "Pelo poder da Grande Deusa e seu Consorte, o Grande Deus, consagro-te no elemento terra." Retira o sal e no seu lugar põe um pouco de água destilada, e diz: "Em nome da Grande Deusa e seu Consorte, o Grande Deus, consagro-te no elemento água." Continua a consagração passando o espelho pela chama de uma vela vermelha, que representando o elemento fogo, e pela fumaça de incenso, símbolo do elemento ar.

O bruxo pronuncia as mesmas palavras em cada consagração, mas adota o nome do elemento correspondente. Depois de consagrar o espelho mágico nos quatro elementos, o bruxo o expõe aos raios da Lua Crescente, começando na noite de Lua Nova e terminando na Lua Cheia. Pronto o espelho, o bruxo tem nas mãos um poderoso instrumento de adivinhação de grande força mágica. Para usá-lo, enche-o de água ou óleo e o coloca sobre o altar entre duas velas brancas acesas. Apaga as luzes da sala e passa a "escriar" ou visualizar na superfície do espelho. Concentra-se em cada pergunta ou coisa que quer saber e observa intensamente as imagens que se formam no líquido do espelho ou as mensagens mentais que recebe diretamente do subconsciente através do espelho. Pode-se comprar um espelho negro já pronto numa loja especializada em Wicca, mas é necessário consagrá-lo nos quatro elementos e expô-lo aos raios da Lua Crescente. A consagração nos elementos também deve ser feita na Lua Crescente.

# A BOLA DE CRISTAL

Muitos bruxos alternam o uso do espelho mágico com a bola de cristal. Existem diferentes tipos de bolas divinatórias, geralmente feitas de vidro comum. Essas bolas são totalmente transparentes e claras, mas não têm o poder da verdadeira bola de cristal, que deve ser de quartzo branco.

Na lista de pedras apresentada a seguir, descrevo mais extensamente os poderes do quartzo branco. Esta é uma pedra de grande poder devido à sua capacidade de gravar toda impressão que recebe e à sua conexão com esferas e níveis superiores. Reconhece-se facilmente a bola de cristal de quartzo porque raras vezes ela é totalmente transparente. Uma bola de cristal totalmente transparente tem um preço astronômico. Por isso, geralmente elas contêm inclusões também de cristal em seu interior, com apenas partes transparentes. As inclusões de quartzo branco são identificadas como espíritos e forças espirituais que habitam no coração da pedra. Por esse motivo, muitos bruxos preferem as bolas de cristal com inclusões às que são totalmente claras, já que as consideram mais valiosas magicamente.

O preço da bola de cristal depende do seu tamanho. Quanto maiores, mais caras. Depois de comprar a bola de cristal que necessita, o bruxo a mergulha por 24 horas numa solução de água destilada ou água pura com bastante sal marinho. Em seguida, a enxuga e a põe ao sol por um mínimo de 6 horas para reenergizá-la. Uma vez limpa e energizada, consagra-a nos quatro elementos, como faz com o espelho mágico, e em seguida a expõe aos raios da Lua Crescente. A bola mágica é usada da mesma maneira que o espelho mágico, com duas velas brancas acesas e as luzes apagadas. Deve ser colocada sobre um pequeno pedestal ou base e em cima de um tecido preto para evitar reflexos. Põem-se as mãos com as palmas abertas em cada lado da bola para que esta receba as vibrações do bruxo. Como recebe e grava impressões, o quartzo pode plasmá-las em sua superfície, tornando-as visíveis.

Contrariamente ao espelho mágico, na bola de cristal o bruxo procura formas e imagens, as quais interpreta psiquicamente. Podem formar-se nuvens no cristal e as suas inclusões podem tomar formas especiais que representam para o bruxo um significado determinado. Muitos bruxos usam a bola de cristal habitualmente e para ler o futuro dos consulentes. O espelho mágico é usado para assuntos pessoais e em situações mais complicadas. Raras vezes para ler o futuro de outras pessoas.

# Pedras, Quartzos e seus usos

Os bruxos usam diferentes variedades de pedras preciosas e semipreciosas em seus trabalhos mágicos. A mais popular é o quartzo branco, mas outras pedras, como a ametista, a pedra-da-lua, a ágata, o âmbar e o azeviche também são muito populares. O colar ritualístico da suma sacerdotisa é feito de grandes contas de âmbar e de azeviche, alternadas.

Segue uma relação das pedras mais comuns em Wicca, com os respectivos usos.

**Ágata**: esta é uma das pedras mais comuns e mais usadas na magia e na terapia relacionada com o sistema de chakras. A ágata é uma pedra solar de grande energia. Um dos principais usos é sobre o plexo solar, em forma de disco, para transmitir energia para a saúde e atrair dinheiro, abundância e prosperidade. A ágata vem em várias cores: amarela-creme, azul, vermelha e verde. Também existem diferentes tipos de ágata, como a ágata-musgo que parece ter ervas em seu interior e pode ser branca, vermelha e verde. A ágata dendrítica é excelente para proteção durante viagens; ela é branca-leitosa com estrelas azuis ou negruscas. A ágata de encaixe tem muitas cores, sendo a azul excelente para acalmar os nervos ao ser friccionada nas mãos.

**Alexandrita**: sua cor é violeta-verdosa transparente com raios azuis ou amarelos. Atrai o amor, a boa sorte e estabelece conexão com forças superiores. Também desenvolve os poderes psíquicos.

**Amazonita**: é uma pedra sólida, não cristalina, de cor azul-água-clara com inclusões brancas. É excelente para as comunicações, atrai a amizade e a criatividade. Ajuda a curar enfermidades da garganta, a tireóide e o sistema nervoso.

**Âmbar**: é uma resina formada da seiva cristalizada de árvores através de milhares de anos. Dá poder, sabedoria e é excelente para atrair o amor e o dinheiro, principalmente em combinação com o jade ou a aventurina. Existe âmbar amarelo, vermelho e verdoso. Pode ser claro ou com inclusões de ervas.

**Ametista**: sua cor é violeta. É uma das pedras mais místicas que existem. Ajuda a desenvolver a telepatia, a intuição e a clarividência. É também muito utilizada em magias amorosas. Se colocada em licor, que depois é bebido, ajuda a controlar o vício da bebida. Também ajuda a controlar outras adições, como drogas, excesso de comida e excessos sexuais.

**Angelita**: é uma das pedras utilizadas para entrar em contato com o anjo da guarda, se colocada sobre a garganta durante meia hora antes de dormir. É de cor azul-clara com manchas brancas como pequenas nuvens.

**Apache, lágrimas de**: uma pedra negra translúcida da família da obsidiana. Usada em magias amorosas para fazer um amante infiel "chorar". Mas é excelente também para aliviar a depressão, principalmente em perdas de pessoas da família.

**Aqua aura**: é uma pedra azul-clara transparente, excelente em meditações e para atrair o amor e a paz.

**Água-marinha:** pertence à família do berilo. É azul-clara translúcida e excelente para o amor, a paz e a prosperidade. Ajuda na cura de doenças do coração e do sistema imunológico.

**Aventurina:** é de cor verde-escura, da família dos quartzos. Acalma as emoções, tira o medo e tranqüiliza quem a leva. É especialmente utilizada para atrair sorte nos negócios.

**Azeviche:** de cor preta e fosca, esta pedra é usada para repelir mau-olhado, feitiços e como proteção contra vibrações negativas. Em combinação com o coral, é muito popular para proteger crianças, principalmente na forma da figa mágica ou mão de azeviche. Forma-se a figa colocando o dedo polegar entre o indicador e o médio, e se usa como substituto para formar o círculo mágico quando o bruxo não tem o seu athame ou a varinha mágica consigo.

**Azurita:** é de cor azul-escura, rochosa-brilhante, com tonalidades violetas. Ajuda a abrir o terceiro olho, localizado entre as sobrancelhas, e dá poderes psíquicos. Ajuda em problemas de sinusite e do sistema nervoso.

**Pedra-da-lua:** é a pedra conhecida como feldspato e se encontra na Lua em grandes quantidades, como na Terra. É de cor creme-nacarada com tonalidades acinzentadas. É usada em muitas magias associadas com a Lua, especialmente o Néctar de Levanah. Também é usada para trazer de volta uma pessoa que se afastou ou para ter notícias de pessoas que vivem longe.

**Pedra-do-sol ou de ouro:** é uma pedra transparente amarelo-laranja com muitos pontos dourados no interior. É excelente em magias para dinheiro.

**Pedra-de-sangue:** é verde com pontos vermelhos. Está associada com o signo de Áries e é excelente para ajudar a curar enfermidades do sangue e da circulação. É muito usada em magias para atrair dinheiro. É eletromagnética e dá grandes energias a quem a usa.

**Pedras Boji**: são de ferro e magnetita e são usadas em pares. Devem ser colocadas de vez em quando onde incida o sol para multiplicar as suas energias. Acalmam as dores se seguradas uma em cada mão. Equilibram o campo energético do corpo.

**Pedra de leopardo**: esta pedra tem manchas castanhas que a assemelham à pele desse grande felino. É usada em forma ovalada, conhecida como ovo de leopardo, em magias de amarração quando um marido tem uma amante ou passa muito tempo na rua.

**Calcita**: sua cor mais comum é o amarelo, mas existe também nas cores laranja, verde, branca e azul. Limpa o corpo de toxinas e dá vitalidade ao organismo. Também ajuda a curar enfermidades dos ossos e da espinha dorsal.

**Carborundum**: esta belíssima pedra negra de tons furta-cores só existe no espaço. Foi criada casualmente em laboratório por um cientista que procurava produzir diamantes do carbono. Por esse motivo, o carborundum é primo-irmão do diamante. É a pedra mais poderosa que existe para atrair riqueza, abundância e prosperidade em grandes quantidades.

**Carnélia**: é de cor laranja-brilhante, da família do jaspe, e é excelente para estimular a paixão, o amor e as relações sexuais. Também abre o apetite e ajuda na digestão. Ajuda a aliviar enfermidades do sistema reprodutor e acalma as dores menstruais.

**Celestita**: é de cor azul-clara, cristalina rochosa. É uma das pedras mais altamente associadas com o desenvolvimento da espiritualidade, atrai serenidade, paz e elimina as preocupações.

**Crisocola**: é de cor azul-clara-transparente misturada com verde brilhante. É uma das pedras mais poderosas que existem para atrair o amor entre duas pessoas já que promove o perdão das ofensas, reaproximando amantes separados.

**Citrino**: é da família do quartzo, de cor amarelo-castanha cristalina. É excelente para magias de dinheiro e, quando conservada em pedaços grandes em casa ou no trabalho, assegura prosperidade, riquezas e abundância. Também multiplica a força de vontade e reduz a ansiedade, os temores e aviva a memória.

**Coral**: é vermelho-alaranjada, mas também existe nas cores rósea, branca e preta. É um ser vivo quando está no mar, e é excelente em magias de amor.

**Quartzo branco**: a mais popular de todas as pedras, é de cor clara transparente e é conhecido também como cristal de rocha. É altamente magnético e de grande ressonância, motivo pelo qual é usado em computadores, rádios, relógios, telescópios e transmissões interestelares e na tecnologia em geral. Pelo fato de absorver e gravar todo tipo de vibrações, é necessário purificá-lo antes de usá-lo na magia e em meditações. Para purificá-lo, mergulhe-o numa solução de água com sal marinho por 24 horas e em seguida enxugue-o e exponha-o ao sol por um mínimo de 6 horas para reenergizar. Na meditação, é usado sobre a testa ou entre as mãos, em saquinhos, para atrair o amor ou o dinheiro, em curas e em visualizações. Pode-se programá-lo colocando-o entre as sobrancelhas e expressando em voz alta o que se deseja obter através dele. O quartzo branco vem em pontas simples ou em pontas múltiplas, polido ou bruto. Ele tem 6 facetas naturais e se apresentam sob vários tipos, como o quartzo de rio; o quartzo-fantasma, que tem sombras no interior; o quartzo rutilado, com fibras douradas; e o quartzo enfumaçado, com tonalidades acinzentadas. Muitas outras pedras crescem dentro de matrizes de quartzo, como a pirita, ótima para dinheiro, e a turmalina verde, também excelente para dinheiro e prosperidade. A água de cristal, que é milagrosa em todo tipo de doença, é preparada colocando um quartzo branco de ponta fina, transparente, de três a cinco centímetros de comprimento, limpo e programado para a saúde, num copo de água pura. Deixa-se por 24 horas e no dia seguinte se toma em jejum. Repete-se diariamente e é excelente em todo tipo de cura.

**Quartzo rosa:** de cor rosa-clara, este quartzo é excelente em toda magia amorosa. Se usado em forma de coração sobre o peito, ajuda a curar doenças cardíacas.

**Deserto, rosa do:** é de cor branca com marcas castanhas ou cremes e se forma em grupos que parecem ramalhetes de rosas. Atrai paz para os amantes e para o casamento.

**Diamante:** considerada a mais preciosa de todas as pedras, é de cor brilhante cristalina, embora haja diamantes amarelos e azuis. O diamante Herkimer é muito usado na magia devido a seu baixo custo. Esta pedra atrai dinheiro e prosperidade a seu dono. As jóias de diamantes devem ser presenteadas. Se compradas, atraem azar para quem usa. Dá paz, confiança em si mesmo e segurança pessoal.

**Esmeralda:** de cor verde-viva, está associada com o signo de Touro e com o planeta Vênus. A esmeralda atrai amor, dinheiro e felicidade a quem a leva consigo, principalmente sob forma bruta e se usada junto com uma chapinha de cobre, o metal de Touro e Vênus.

**Fluorita:** esta pedra cristalina é de cor verdosa e violeta. É excelente para atrair o amor e se usa sobre o peito para ajudar em doenças do coração.

**Granada:** é de cor vermelho-escura e associada com os signos de Capricórnio e de Escorpião. Dá equilíbrio, poder e grande energia cósmica, atrai o amor e a paixão entre amantes.

**Hematita:** cor preta-acinzentada/prateada. É uma pedra magnética, associada com o signo de Capricórnio e é excelente para assuntos de negócios, de heranças e de dinheiro, e para destruir feitiços e vibrações negativas. Também ajuda a dar equilíbrio e energia ao corpo. Se rodeada de ímãs, estes se fixam na hematita devido ao seu magnetismo. Usada em colares e pulseiras para proteção contra inimigos e perigos.

**Jade:** uma das pedras mais místicas que existem. Sua cor mais conhecida é o verde-claro, mas existe também nas cores rosa, branca e preta. O jade com o âmbar é excelente para atrair dinheiro e prosperidade. Diz-se também que ela prolonga a vida. No travesseiro, favorece sonhos proféticos.

**Jaspe:** pertence à família da calcedônia, uma forma de quartzo. Existe em tons amarelo, laranja, castanho e verde. Usa-se para ajuda em curas da vesícula, do estômago e dos intestinos. Promove grande equilíbrio e vida longa.

**Kunzita:** de cor rosa-clara. É uma pedra de grande poder usada por pessoas que curam através das mãos. Dá amor incondicional, nutre o sistema nervoso e atrai paz e espiritualidade para quem a usa.

**Labradorita:** cor verde furta-cor. Em tons mais escuros é conhecida como espectrolita. É especialmente eficaz para conseguir emprego e aumentos.

**Lapidolita:** esta é uma pedra de mica de cor rósea com fibras acinzentadas no interior e que se assemelha à carne. É excelente para ajuda em curas de todo tipo de enfermidades, inclusive o câncer, quando friccionada diariamente sobre a área afetada.

**Lápis-lazúli:** esta bela pedra azul brilhante contém fibras douradas de pirita. Era a pedra preferida dos faraós do Egito devido ao seu grande poder místico. Está associada com Sagitário e é usada entre as sobrancelhas para abrir o terceiro olho e em magias para atrair dinheiro em grandes quantidades. O lápis-lazúli e o carborundum sobre um caracol de abalone trazem riquezas e abundância a uma casa.

**Malaquita**: de cor verde-escura brilhante; tem círculos concêntricos no interior. É poderosa para atrair dinheiro e boa sorte. Também dá grande proteção às crianças se colocada debaixo do colchão de seus berços ou camas.

**Moldavita**: um tipo de meteorito de cor verde-clara semitransparente. É uma das pedras mais poderosas que existem para entrar em contato com esferas superiores se colocada sobre a testa durante as meditações.

**Meteorito**: existem vários tipos, como a moldavita, e também tectitos, que são leves, pretos e derretidos pelo impacto em sua queda na Terra. Os meteoritos de metal são de ferro sólido e muito pesados. Todos os meteoritos são usados em magias transcendentais para contatar forças superiores e desenvolver o terceiro olho e poderes psíquicos.

**Obsidiana**: uma das pedras associadas com Capricórnio, é excelente para atrair dinheiro, para proteção e para dar força de vontade e equilíbrio ao corpo. Protege contra feitiços, vibrações negativas e alivia a dor. É de cor preta com tons furta-cores verdosos em seu interior.

**Ônix**: de cor preta brilhante, esta pedra é excelente para neutralizar o mal e para atrair grande poder mágico a quem a usa. Protege contra feitiços, maldições e espíritos obscuros.

**Opala**: esta pedra preciosa é de cor branco-leitosa com tons iridescentes no interior. Está associada com o signo de Libra, que é o único que pode usá-la em jóias. Outros signos que usam a opala em jóias atraem sofrimentos e dissabores. A opala é excelente em magias para o amor, já que Libra é regido, como Touro, pelo planeta Vênus. A opala-de-fogo, especialmente, é excelente para reaproximar amantes separados.

**Peridotito**: de cor verde-clara cristalina, esta pedra está associada com o signo de Leão. Dá grande proteção a quem a usa e atrai dinheiro e abundância.

**Pirita**: de forma rochosa e de cor dourada, esta pedra metálica era conhecida no século passado como ouropel ou ouro falso. É a pedra principal para atrair dinheiro e prosperidade e é usada em muitas magias, inclusive em sachês de resguardo.

**Rodocrosita**: de cor rósea com círculos e desenhos avermelhados em seu interior, esta bela pedra é extraordinária para toda magia amorosa já que atrai a fidelidade entre amantes e torna o amor duradouro.

**Rubi**: de cor vermelho-rósea, esta pedra está associada com Áries e Leão. É usada em magias amorosas e dá grande poder psíquico a quem a usa. Promove a boa sorte em jogos de azar e atrai a prosperidade e a abundância. Se usada em forma de pedra sólida, em bruto, é excelente em resguardos amorosos.

**Selenita**: associada com a Lua e com o signo de Câncer, esta bela pedra branca semitransparente é ótima para conectar com as forças lunares. Os espelhos de selênio são pedaços retangulares desta pedra que se usam para observar, através deles, a Lua Cheia e dessa maneira adivinhar o futuro. Carregada em resguardos amorosos assegura a fidelidade do amante ou cônjuge.

**Sodalita**: de cor azul-viva, esta pedra está associada com Sagitário. Ajuda a desenvolver poderes psíquicos se usada sobre o terceiro olho. Também atrai a prosperidade e a abundância, principalmente se usada em combinação com o lápis-lazúli.

**Sugilita**: de cor violeta com franjas pretas ou brancas, esta é a pedra mestra. Muito difícil de conseguir, já que só se encontra numa pequena mina na África, é usada para interligar o poder de outras pedras, ampliando-o. Sobre a garganta, serve para entrar em contato com o anjo da guarda.

**Olho-de-tigre**: associada com o signo de Leão, esta é uma pedra alaranjada com linhas cambiantes da mesma cor. É excelente para atrair dinheiro em saquinhos de resguardo.

**Topázio**: associada com os signos de Escorpião e de Leão, esta é uma excelente pedra para atrair dinheiro, amor e prosperidade. Traz sucesso em todos os empreendimentos, principalmente se usada em sua forma natural, bruta.

**Turmalina**: uma das pedras mais mágicas e de maior poder que existem, é usada em todo tipo de magias para multiplicar o poder do trabalho. É especialmente apreciada por sua capacidade de estabelecer ligação com forças superiores. A mais comum é a turmalina preta, mas também existe na cor verde e de melão ou rosada. A turmalina de melão é a mais valiosa e a mais cara e também a mais poderosa de todas. Estimula e desenvolve todos os chakras. Levar uma turmalina de melão numa bolsinha verde assegura dinheiro contínuo ao seu dono.

**Turquesa**: de cor azul-clara brilhante, esta é a pedra tradicional de Sagitário. Traz amor, prosperidade e abundância e protege contra todo perigo. Também desenvolve poderes psíquicos. É a pedra preferida do índio norte-americano por seus grandes poderes místicos. As jóias de turquesa são excelentes para sorte e sucesso em todo empreendimento. Deve ser montada em prata.

**Safira**: de cor azul-viva, esta é a pedra mais espiritual que existe. Diz-se que sobre o trono de Deus há uma imensa safira, o que torna esta pedra muito poderosa. A safira em jóias atrai sorte, dinheiro e amor ao seu dono e proteção contra todo mal.

As pedras são usadas em combinação com resguardos e com todo tipo de magias. Acrescentam-se ervas e outras substâncias mágicas para multiplicar o seu poder. Com esta lista de pedras, outras listas de ervas e outras substâncias que já incluí no livro, o leitor pode preparar seus próprios resguardos e magias, de acordo com a necessidade ou o desejo.

# Feitiços e rituais

Os bruxos quase sempre realizam os rituais durante os seus Sabás, ou festivais anuais, ou durante os Esbás. As fases da Lua são sempre cuidadosamente observadas durante todo ritual ou cerimônia. O dia da Lua Cheia é o preferido para cerimônias importantes. Durante a Lua Minguante realizam-se os rituais para limpeza, para desfazer feitiços ou para pôr um inimigo no seu devido lugar. Durante a Lua Crescente celebram-se os rituais ou feitiços de magia positiva, para atrair amor, dinheiro ou coisas importantes que o bruxo possa desejar. Um bruxo jamais realizará um ritual ou magia positiva durante a Lua Minguante. Ele também leva em conta as aspectações entre planetas, os signos por onde o Sol transita mês a mês e o elemento que rege cada ritual, pois todos são fatores de grande importância. Freqüentemente os bruxos trabalham com elementais ou entidades que pertencem a um elemento específico, como já vimos. Uma das formas que adotam para entrar em contato com os elementais é o baile ritual. Os bailes ou danças rituais são muito eficazes para criar grandes quantidades de energia que em seguida são utilizadas no feitiço ou cerimônia. Por exemplo, para ativar as suas energias cósmicas, o bruxo realiza uma dança ritualística com música de tambores ou música agitada. Enquanto dança desenfreadamente, ele visualiza a sua aura sendo inundada de energia vital.

Quando sente que acumulou energia suficiente dançando, passa a utilizá-la, enviando-a mentalmente à magia que deseja realizar. Também pode mandar essa energia a uma pessoa em particular de quem deseja algo específico. Ele faz isso enviando com a energia uma ordem mental à pessoa.

Depois de certificar-se de que a Lua, o signo zodiacal e as aspectações entre planetas são auspiciosos para a magia que quer realizar, o bruxo prossegue com o seu rito ou feitiço. Na seqüência, vários rituais ou feitiços que os bruxos realizam.

## Ritual do espelho e do alisamento do cabelo

As bruxas celebram este ritual especialmente para adquirir poder e em seguida dirigi-lo ao que desejam obter. Ela começa vestindo uma túnica da cor adequada. Apaga as luzes do ambiente e acende uma vela da cor que corresponde à magia que vai realizar. Por exemplo, verde para dinheiro, amarelo para saúde, vermelho para o amor e o casamento, azul para o sucesso em todo empreendimento. A bruxa queima o incenso correspondente ao ritual e se senta diante da vela. Coloca atrás da vela um espelho redondo onde pode ver a sua imagem. Enquanto se olha no espelho, alisa o cabelo repetidas vezes, dizendo:

> _Ó Senhora de beleza transcendental,_
> _para quem as estrelas são as mais belas jóias_
> _e o universo sua criação e deleite._
> _Tu que entreteces os destinos humanos_
> _e proteges tudo o que é livre e selvagem._
> _Aproxima-te agora, suplico-te, une-me a ti_
> _e concede-me o teu maravilhoso poder,_
> _concede isto a esta tua bruxa e sacerdotisa._
> _Dá-me força interna e externa,_
> _eterna como o mar infinito._
> _Dá-me a paz profunda do meu poder_
> _para que todos realizem os meus desejos_

*e o vento, a água, o fogo*
*e as próprias montanhas*
*se inclinem diante de mim.*
*A mim que pertenço à sabedoria antiga dá-me*
*a sabedoria de todos os tempos,*
*o conhecimento da luz e da escuridão.*
*Dá-me beleza cada vez mais perfeita*
*e o poder de sedução*
*para que possa refletir a ti em mim cada vez melhor.*
*Cria magia em mim,*
*cria poder em mim.*

Estes últimos pedidos, *Cria magia em mim, cria poder em mim*, são repetidos várias vezes, durante bastante tempo, enquanto a bruxa alisa o cabelo e sente a magia e o poder da Deusa Branca crescendo nela. Depois de acumular a energia necessária, ela concentra toda a sua força no que deseja obter, inala profundamente e exala o ar sobre a chama da vela, apagando-a. Nesse momento, o que pediu é concedido. Naturalmente, é importante que a Lua seja crescente; melhor ainda se for cheia.

## O elo mágico

As bruxas crêem firmemente no poder de objetos que estiveram em contato com uma pessoa ou que de algum modo têm relação com ela. É o que se chama de magia de contato ou magia simpatética. Por exemplo, uma peça de roupa usada, um lenço, o suor, a saliva, o sêmen de um homem, recortes de unhas, o cabelo, o sangue e as pegadas que uma pessoa deixou no solo podem ser utilizados para influir sobre ela por meio da magia. Isso é o que se conhece como elo mágico. Se não se tem nenhuma dessas coisas, pode-se usar o seu nome, a data do nascimento, o número natal, o signo do zodíaco e as ervas, incensos e cores que lhe correspondem. Isto é de grande ajuda para realizar um feitiço eficaz dirigido a uma pessoa.

## Para obter o amor de um homem

Um feitiço de amor dirigido a um homem que a bruxa deseja pode ser preparado de muitas formas. Por exemplo, amarrando uma mecha de cabelo do homem com uma mecha de cabelo da bruxa com uma fita vermelha e passando por um incenso de amor como os que descrevi anteriormente. Prepara-se um incenso amoroso muito popular misturando canela em pó com almíscar, lírio de florência em pó, civeta e âmbar-gris. Queima-se essa mistura sobre uma brasa e se pede que assim fiquem unidos em amor e desejo essas duas pessoas. Os cabelos amarrados são postos numa bolsinha vermelha com um quartzo rosa e uma pedra-ímã e se carregam sobre o peito durante 7 dias. No sétimo dia, procura-se tocar a pessoa desejada. Depois que a bruxa toca a pessoa, esta fica imediatamente sob o seu poder. À meia-noite, queimam-se os cabelos na chama de uma vela vermelha. As cinzas são de algum modo postas em contato com a pele da pessoa desejada ou então são espalhadas onde esta possa pisá-las. O quartzo rosa leva-se sempre junto.

## Para que o esposo permaneça em casa

Outro feitiço de amor que se faz para evitar que um marido saia muito para a rua utiliza as palmilhas de um par de seus sapatos velhos. A esposa passa um pouco de mel e óleo de canela nas duas palmilhas e depois as prega no piso de seu próprio guarda-roupa. Sobre as palmilhas ela põe um par de sapatos velhos dela que sempre ficarão ali.

Isto põe o marido sob o poder da mulher de forma muito eficaz.

## Para atrair o amor de um homem indiferente

Quando um homem está frio e distante, as bruxas recomendam fazer uso do seu sêmen, que é recolhido com cuidado num pedaço de algodão. Enche-se um pires com azeite de oliva, acrescenta-se uma gota de sangue do dedo médio da esposa, pó ímã, pó de almíscar, pó de sangue-de-dragão e uma pitada de pimenta vermelha. Sobre o azeite põe-se um pequeno chumaço feito com o algodão, o qual se acende por uma hora durante 7 dias, acrescentando mais azeite, se necessário. Segundo as bruxas, este é um dos feitiços mais potentes que existem para atrair um homem.

## Para esfriar relações amorosas

Para esfriar as relações amorosas entre dois amantes, escrevem-se os nomes em dois pedacinhos de papel sem pautas que se põem no meio de um limão verde cortado em quatro partes. Junta-se o limão com 49 alfinetes novos, colocando-o depois dentro de um frasquinho com amoníaco, assa-fétida, valeriana e pimenta preta. Põe-se o frasquinho bem fechado no *freezer* da geladeira. Para que seja eficaz, esse feitiço deve ser feito na Lua Minguante.

## Para obter um empréstimo

Nem as grandes instituições escapam ao poder do bruxo. Por exemplo, se um bruxo quer obter um empréstimo de um banco, ele consegue um papel qualquer em que esteja escrito o nome do banco. Ele leva esse papel para casa e o coloca sobre um pano azul, a cor do sucesso e da prosperidade. Sobre o papel, coloca uma vela azul untada com azeite de oliva fervido com louro, canela e camomila. Circunda o papel com um círculo de açúcar e 21 moedas que consegue do banco. Acende o incenso da prosperidade e o passa sobre a vela. Coloca as mãos em cada lado da vela e começa a encantá-la com as seguintes palavras:

> *Pelo poder do fogo e da Deusa Branca.*
> *O dinheiro vem a mim sem problema nem tardança.*
> *Este banco me concede o empréstimo que desejo.*
> *Com 3 amarrados o faço, com 3 amarrados o vejo.*

O bruxo repete essas palavras 3 vezes e imediatamente apaga a vela com um único sopro e faz 3 nós no pano que contém a vela, o açúcar e as 21 moedas. Passa o pano amarrado pelo incenso e o guarda num lugar seguro. Este feitiço é de grande poder para conseguir empréstimos de instituições bancárias e deve ser feito na Lua Crescente e de preferência na Lua Cheia.

Estes são exemplos de feitiços realizados com um elo mágico, mas os bruxos também fazem magias de grande poder sem o elo.

Uma das substâncias de que os bruxos mais gostam e que usam em suas magias mais poderosas é o fluido condensador.

## Fluido condensador

Quem pela primeira vez forneceu a fórmula deste poderoso líquido foi um grande mago alemão conhecido pelo nome de Franz Bardon. A famosa bruxa inglesa Sybil Leek o recomendava muito e também incluiu a fórmula num dos seus livros.

Para preparar o fluido condensador, ferve-se um punhado de flores de camomila em cinco litros de água durante 20 minutos. O recipiente deve ser bem fechado para não haver evaporação do líquido. Em seguida filtra-se o líquido com um pedaço de linho fino. O líquido filtrado volta ao recipiente, onde ferve por mais 20 minutos. Deixa-se esfriar e acrescenta-se a mesma quantidade de álcool. Adicionam-se imediatamente 10 gotas de tintura de ouro e uma gota de sangue da pessoa. Coloca-se o líquido numa garrafa escura, fecha-se bem e guarda-se num lugar onde não bata sol até o momento de usar.

É bastante fácil obter a tintura de ouro. Dilui-se um grama de cloreto de ouro em 20 gramas de água destilada. O cloreto de ouro pode ser conseguido em laboratórios químicos ou fotográficos, pois é usado em papel de fotografia.

Uma vez preparado, pode-se usar o fluido condensador de quatro modos diferentes, de acordo com os quatro elementos. Quando se usa com o elemento ar, a influência mágica é através da evaporação. No elemento fogo, usa-se a combustão. No elemento água, a mistura líquida e, no elemento terra, a decomposição.

O fluido condensador age tão rapidamente, que chega a espantar. Uma vez em Viena, dois amigos vienenses e eu resolvemos utilizar o elemento ar com o fluido condensador para fazer com que alguém nos procurasse. Para isso, enchemos uma pequena caldeira com um pouco de água e acrescentamos dez gotas do fluido condensador. Como o elemento ar trabalha através da evaporação, colocamos a caldeira sobre um fogãozinho a gás desses que se usam em acampamentos e que são fáceis de conseguir. Juntamos as mãos sobre o líquido da caldeira e começamos a chamar a pessoa mentalmente. Imediatamente, começamos a ver no meio da água pequenos relâmpagos que se cruzavam de um lado a outro dentro da caldeira. Olhamo-nos assombrados, mas continuamos concentrando-nos na pessoa. De repente, a campainha da porta tocou.

Levantei-me para abrir, e qual não foi a minha surpresa ao ver diante de mim a pessoa que estávamos chamando. Enquanto eu a entretinha à porta, os meus dois amigos apressaram-se em recolher a caldeira, apagar o fogãozinho e guardar todos os implementos mágicos. Não passaram mais do que 10 minutos desde o momento em que começamos a invocação com o fluido condensador até a chegada da pessoa que estávamos chamando. Este é um exemplo extraordinário do uso do fluido condensador através do elemento ar. Neste caso foram três pessoas que realizaram o ritual mágico, mas basta uma única pessoa para obter os mesmos resultados.

Para usar o fluido condensador com o elemento fogo, escreve-se o que se deseja com lápis num pedaço de pergaminho virgem, umedecendo-o bem no fluido condensador. Deixa-se secar e em seguida queima-se na chama de uma vela vermelha visualizando o que se pede como já realizado. É importante lembrar que esses são rituais mágicos de grande poder. Antes de realizá-los deve-se proteger o recinto fazendo um círculo mágico com o athame ou com a figa. A figa é muito poderosa e o bruxo a usa quando não tem um athame ou uma varinha mágica à disposição. Também deve-se queimar incenso do elemento que se está usando e a Lua deve ser crescente.

Para usar o fluido condensador no elemento água, enche-se um recipiente com água da fonte ou água destilada e se acrescentam dez gotas do fluido condensador. Visualiza-se o que se deseja conseguir, com intensidade, durante alguns minutos. Em seguida verte-se a água numa garrafa nova, esvaziando-a num rio ou em água corrente. Este é o método mais popular que se adota em magias amorosas.

Para usar o fluido condensador no elemento terra, forma-se um pequeno vazio na polpa de uma maçã, nele pingando 10 gotas de fluido condensador. Visualiza-se intensamente o que se quer conseguir e imediatamente se enterra a maçã. Este método é geralmente usado para influenciar uma pessoa a distância.

Os bruxos têm outros rituais e feitiços mais simples, mas não tão potentes como o fluido condensador.

## Para separar um homem de uma rival

Um feitiço amoroso muito simples e eficaz é feito recortando um coração de um pedaço de terciopelo vermelho. O coração deve ter 13 cm de largura no máximo. Depois de pronto, atravessa-se o coração com 3 alfinetes novos dizendo mentalmente que assim está atravessado de amor o coração da pessoa por quem ela faz o feitiço. Espargem-se 3 pitadas de sangue-de-dragão sobre o coração. Queima-se imediatamente o coração numa caldeira sobre fogo bem forte no qual foram lançadas 3 folhas de louro. Este feitiço é feito especialmente para que um amante ou esposo que fugiu com outra mulher volte a quem faz o trabalho mágico. É importante mencionar o nome da rival enquanto se queima o coração e pedir a volta imediata do homem amado.

## Poções e comidas amorosas

As poções ou comidas amorosas são também muito populares em Wicca e um ingrediente muito usado neste tipo de magia é o cominho. As bruxas dizem que uma pitada de cominho numa jarra de vinho tinto é infalível para conquistar o amor de uma pessoa. Para evitar que a pessoa veja o cominho, pode-se verter o vinho numa garrafa e em seguida oferecer-lhe uma taça; ela não vai notar nada de anormal na bebida.

Um procedimento não muito higiênico nem recomendável, mas que também é popular na magia amorosa das bruxas, é passar um pedaço de carne de gado no corpo bem suado e depois prepará-la e servi-la à pessoa amada.

## O ritual do desejo

O ritual do desejo é muito popular em Wicca e usado por muitos bruxos e bruxas. Primeiro faz-se o círculo mágico com o athame ou a figa.

A pessoa deve lavar-se e purificar-se antecipadamente. Invocam-se os Guardiães das 4 Torres no leste, sul, oeste e norte, pedindo a sua proteção. Os bruxos trabalham as suas magias no norte e por isso a pessoa deve estar de frente para esse ponto cardeal ao cumprir esse ritual. Apagam-se as luzes e acende-se uma vela vermelha no centro do ambiente. Diante da vela, coloca-se um pires branco com umas gotas de água. Acima coloca-se algo de ouro, como um anel. Escreve-se o desejo num pedaço de papel de pergaminho, segurando-o na mão esquerda. Pega-se um punhado de sal na mão direita e coloca-se o papel no pires. Enquanto se repete o desejo em voz alta, lança-se pouco a pouco o sal sobre o papel. Imediatamente pega-se o papel com a mão esquerda novamente, queimando-o na chama da vela vermelha. Em seguida jogam-se as cinzas com o sal e a água na terra. Deixa-se queimar a vela totalmente. Agradece-se aos senhores das torres e se forma o círculo novamente com o athame ou a figa, dizendo: "Este círculo está desfeito." Esta é a conclusão do ritual, que pode ser aplicado a qualquer coisa que se queira obter. Em casos de curas, se o que se quer é saúde, a vela deve ser amarela.

## Amarrado para o amor e o dinheiro

Quando querem conseguir algo especial, os bruxos amarram velas. Um feitiço de amor muito comum é feito untando uma vela vermelha com óleo de almíscar, que se prepara fervendo óleo mineral com um punhado de almíscar. Antes de untar a vela, escreve-se o nome da pessoa amada no comprimento da vela, que não deve ser muito grossa. Amarra-se a vela com um cordão vermelho no meio; ao acendê-la, visualiza-se o amor dessa pessoa tornando-se realidade. Deixa-se a vela queimar até o cordão, apagando-a, nesse ponto, sem assoprar. No dia seguinte, repete-se o feitiço com uma vela e um cordão novos, fazendo o mesmo durante 7 dias. Enterram-se então os restos das 7 velas perto da casa da pessoa ou do caminho por onde ela passa diariamente. Este mesmo feitiço pode ser feito para obter dinheiro, porém usando uma vela e um cordão verdes. O óleo usado é de louro, que é preparado fervendo folhas de louro em óleo mineral. No fim dos 7 dias, deixam-se os restos das 7 velas perto do banco onde a pessoa tem a sua conta bancária ou de um banco que esteja perto da casa dela.

## Banho de dinheiro

Também muito poderoso para atrair dinheiro é o banho de dinheiro. Coloca-se uma moeda de prata em cada pequeno compartimento de uma forma de gelo, e em seguida enchem-se todos com água. Põe-se a forma no *freezer* da geladeira até que a água congele. Enche-se a banheira com água bastante quente e acrescentam-se 7 gotas de óleo de louro. Depois de jogar os cubos na água, a pessoa entra na banheira. Enquanto os cubos derretem, ela visualiza dinheiro chegando-lhe em grandes quantidades. Ela fica na água até que esta começa a esfriar. Em seguida, recolhe as moedas e procura gastá-las o mais rápido possível para que o ritual tenha efeito imediato.

## Amuleto de poder

Os bruxos sempre levam consigo amuletos e talismãs para proteção e poder. Um dos amuletos de poder mais populares é preparado colocando numa bolsinha de couro as seguintes pedras: jade, olho-de-tigre, diamante Herkimer e um meteorito. Acrescenta-se uma presa de tubarão, uma pedra-ímã e uma raiz de mandrágora. Isto lhe dá poder sobre as pessoas, as coisas e toda circunstância. Para energizar esse amuleto, o bruxo vai ao alto de uma colina ou a outro lugar elevado e volta-se para o leste, ao amanhecer, na Lua Crescente. Eleva a bolsinha com o conteúdo com ambas as mãos e as oferece ao Sol nascente. Fecha os olhos e diz:

> *Aton, regente do firmamento,*
> *por cujo poder o homem vive e morre.*

*Olho do céu, Sol candente,*
*permite que a tua vontade e a minha se cumpram.*
*Tu e eu somos um,*
*Carrega este amuleto com tua força e teu poder.*

Feita essa invocação, o bruxo espera um sinal de que o seu pedido foi concedido. O sinal pode ser uma brisa que se manifesta em poucos minutos, o cantar de um pássaro, o repicar de um sino ou qualquer som ou sinal que possa ser interpretado favoravelmente. Recebendo o sinal, pendura a bolsinha no pescoço presa por uma tira de couro. Leva o amuleto junto ao corpo durante 7 dias, tirando-o somente para dormir ou tomar banho. Depois de 7 dias, o amuleto está cheio da energia pessoal do bruxo, não devendo nunca ser tocado por outra pessoa. Pode então ser levado no bolso ou na carteira. Quando o bruxo precisa ou quer algo, simplesmente escreve o seu desejo num pedaço de papel de pergaminho e o coloca na bolsinha durante 7 dias. Em seguida, retira-o e o queima na chama de uma vela vermelha. O que pediu lhe será concedido em pouco tempo. Este amuleto também protege contra feitiços e maldições.

## Ritual para repelir maldições ou feitiços

Para não ser atingido pelas maldições ou feitiços de um inimigo, além de levar sempre consigo o amuleto de poder, o bruxo também realiza o ritual para repelir maldições ou feitiços.

No espaço onde realiza as suas magias, ele traça o círculo mágico no ar com o athame. Acende uma vela vermelha e coloca uma brasa no incensório, acrescentando franquincenso, mirra e hissopo. Lança três pitadas de sal no pentáculo e coloca o cálice ou taça de consagração cheio de água sobre o altar. Com a ponta do athame, toca o sal que está no pentáculo, que simboliza o elemento terra; em seguida, mergulha a ponta do athame na taça de água (elemento água), passa-a sobre a chama da vela (elemento fogo) e sobre a fumaça do incenso (elemento ar). Repete este procedimento 3 vezes e diz:

*Elementos sagrados ajudai-me,*
*do meu inimigo salvai-me.*
*Terra, água, fogo e ar,*
*Toda a sua força tirai-lhe.*

Com a ponta do athame, o bruxo traça 3 círculos ao seu redor, o primeiro sobre a sua cabeça, o segundo na altura do coração e o terceiro sobre a terra. Em seguida cospe 3 vezes no incensório e diz o seguinte:

*Tua maldição e teu feitiço nada podem contra mim,*
*E todos os teus malefícios voltarão a ti.*
*Triplicados cada vez,*
*isto o ordena e expressa*
*a Deusa e a Lei do Três.*

Depois de dizer essas palavras, o bruxo bate com o pé 3 vezes sobre o piso.

Não é necessário pronunciar o nome do inimigo porque a força do conjuro volta-se imediatamente contra ele.

## Para sucesso no trabalho ou nos negócios

Os ingredientes usados neste amuleto são uma pedra-ímã, uma ágata de encaixe, uma aventurina, uma labradorita e um pouco de teia de aranha. A teia deve ser colhida depois de abandonada pela aranha, e é usada porque a aranha é o símbolo do trabalho. O bruxo corta um pedaço de pergaminho em forma de círculo e no centro desenha o seu signo zodiacal com tinta verde. Coloca as pedras e a teia de aranha no centro do papel e o amarra com um cordão verde. Passa o envoltório pela fumaça de franquincenso, mirra e ouro e o esconde no seu local de trabalho, num lugar onde não possa ser visto.

# O poder da natureza

Os bruxos mantêm um contato sutil, mas inquebrantável, com as forças da natureza. Suas casas estão sempre cheias de plantas, de pássaros e de animais domésticos. Este contato é tão forte que pode provocar mudanças no tempo, trazer o vento ou dispersá-lo, repelir ou atrair tempestades. Um bruxo com poderes bem desenvolvidos pode parar a chuva, atrair relâmpagos e trovões, influir nas marés e determinar o futuro observando os movimentos das aves e de outros animais. O grande poder das árvores é utilizado continuamente pelos bruxos. Por exemplo, recolher três pedrinhas ao pé de uma árvore grande, de preferência um carvalho ou um pinheiro, dá poder e fortalece a saúde, porém é necessário pedir permissão à árvore antes de retirar as pedras e agradecer-lhe mentalmente por elas. Leva-se essas pedras soltas na carteira ou no bolso. Abraçar uma árvore e pedir-lhe um pouco da sua forte energia produz a cura de muitas doenças, especialmente enxaquecas. Quando um bruxo se sente fraco e necessitado de energia, encosta a testa no tronco de uma árvore forte e lhe pede a bênção, abraçando o tronco com grande amor. Permanece nessa posição durante alguns minutos até sentir a sua energia revitalizada. O leitor pode tentar isso num momento de necessidade para se convencer dessa grande eficácia.

A natureza responde ao nosso carinho e não é preciso ser bruxo para estabelecer uma ligação sólida com ela. Basta não poluir as águas nem os parques, dar de comer aos pássaros e aos animais que neles vivem, saudar o vento, o Sol, a Lua e o mar quando se vai a uma praia.

Um dos exercícios mais simples que podemos fazer e que mais energia nos propiciam é sair ao ar livre, abrir os braços e respirar profundamente enquanto agradecemos à natureza os seus muitos benefícios.

# Pedido ao mar

Muito popular entre os bruxos é um pequeno ritual realizado na praia para pedir algo ao mar. A pessoa tira os sapatos e caminha pela praia até encontrar algo que pertença ao mar, como uma concha, uma pedra, um pedaço de madeira, uma estrela-do-mar ou uma alga marinha. Toma o objeto na mão direita, ou esquerda se é canhoto, e visualiza intensamente o que precisa ou deseja. Um pouco acima de onde alcançam as ondas, escreve seu desejo na areia úmida com o dedo indicador. Imediatamente atira o objeto no mar para que seja levado pelas águas. Cruza os braços sobre o peito e diz o seguinte:

> *Mãe imensa, mar divino,*
> *donde tudo procede.*
> *Abençoa-me neste instante,*
> *o que te peço concede-me.*

Fica nessa posição enquanto espera que as ondas subam e apaguem o que escreveu. Logo que as palavras são apagadas, agradece ao mar e volta para casa sem olhar para trás.

## O poder das estrelas

Os seres humanos em geral olham para o céu todas as noites e admiram a beleza das estrelas, mas ignoram o grande poder que elas têm. Os bruxos sabem que cada foco de luz no firmamento é um sol ou um planeta que está a bilhões de quilômetros de distância, mas que é regido por forças cósmicas de grande poder. Cada um desses pontos luminosos está carregado de força imensa, que podemos utilizar para nossas necessidades humanas. O bruxo usa o poder das estrelas identificando-se com uma delas em particular, escolhida com todo o cuidado. A Lua deve ser crescente, mas não visível no céu, pois a sua luz diminui o brilho das estrelas. O bruxo observa o céu estrelado durante alguns minutos até que uma determinada estrela chama especialmente a sua atenção. Essa passa a ser a sua estrela pessoal. Observa com cuidado a sua posição no céu e fixando nela o olhar diz:

> *Luz brilhante, estrela minha,*
> *cintilando em meu caminho.*

*Que sejas para sempre meu guia,*
*protegendo meu destino.*
*Que o Deus que te deu poderio,*
*permita que me ilumines.*
*A mim e a tudo o que é meu,*
*aonde quer que eu vá.*

O bruxo então dá um nome à sua estrela, que invocará sempre que estiver numa situação difícil ou necessitar de algo especial. Uma coisa que ajuda a entrar em contato com a estrela tanto de noite como de dia é um meteorito, que por ser um objeto caído do céu, tem afinidade com as estrelas. Para estabelecer contato específico entre as estrelas e o meteorito, o bruxo pega o meteorito nas mãos, o eleva em direção à estrela e diz:

*Com teu poder infinito,*
*energiza o meteorito.*
*Que este seja entre ti e mim,*
*o elo que nos une.*
*Peço-te pelo Sol,*
*peço-te pela Lua.*

Ditas essas palavras, o bruxo coloca o meteorito numa bolsinha azul que carrega sempre consigo para proteção e ajuda. Quando deseja conectar-se com a energia da sua estrela, simplesmente tira o meteorito, esfrega-o entre as mãos e faz o pedido.

## As runas anglo-saxônicas

Estudamos no capítulo 7 as runas da Wicca, ou alfabeto tebano, que são usadas pela maioria dos bruxos modernos para inscrever os seus instrumentos mágicos e para comunicar-se entre si. Para muitos especialistas em Wicca, o alfabeto tebano não é de runas verdadeiras, já que a maioria das runas se caracteriza por linhas retas. Existem vários tipos de runas. Entre elas estão as usadas pelos países escandinavos, Alemanha, Irlanda, Escócia, e os países gauleses e em geral pelos anglo-saxões. Os druidas, sacerdotes dos antigos celtas, também usavam um tipo de runa chamado *Ogham*. Os antigos não usavam as runas como alfabetos, mas sim como instrumentos de adivinhação e em rituais mágicos. As runas são muito antigas e dotadas de grande poder.

Em suas magias, os bruxos modernos usam as runas anglo-saxônicas, que por sua vez se baseiam nas germânicas ou alemãs. Muitos praticantes de Wicca usam o alfabeto tebano, ou runas de Wicca, como alfabeto, e não como instrumento mágico. Para trabalhos de magia, as runas usadas são as anglo-saxônicas. Em outras palavras, os bruxos usam dois tipos de runas, as tebanas para inscrever os seus instrumentos mágicos e para escrever, e as anglo-saxônicas para realizar rituais mágicos. As runas faladas usadas durante as cerimônias não são realmente runas, mas invocações, que os bruxos chamam tradicionalmente de runas, talvez como símbolo das runas mágicas que usam em seus rituais.

Para os antigos, as runas representavam concentrações de poder. Cada runa simbolizava uma ação ou interesse humano. Eles as utilizavam em adivinhações e para realizar rituais e feitiços poderosos. Nos tempos modernos, ainda são utilizadas como sistema de adivinhação, por sinal muito exato e eficaz. Também são usadas em rituais de magia.

As runas germânicas ou alemãs são as que se usam em adivinhações e se conseguem facilmente em lojas da Nova Era. Compõem-se de 24 desenhos gravados ou escritos em pedras de diferentes espécies. As mais comuns são inscritas em terracota ou argila. Outras são inscritas em pedras semipreciosas, como ametista, hematita, pedra-da-lua, quartzo rosa e outras. O material em que estão inscritas não é tão importante como o símbolo e significado de cada runa. Na ilustração, estão os desenhos das runas e os seus significados mais simples. Na adivinhação também existe uma runa em branco, que é a runa 25, e que significa o destino. (Ver figura na página seguinte.)

Existem vários métodos para adivinhar com as runas. Um dos mais simples é mexer bem as runas na bolsa que as contém e tirar uma runa ao acaso. Essa runa prediz o que vai acontecer na situação enfrentada pela pessoa. Na leitura das runas e em todo sistema de adivinhação, é sempre importante deixar que a intuição guie a pessoa. Isto ajuda muito na interpretação do oráculo. Outra forma de ler as runas é tirar 4 runas da bolsa e colocá-las em linha reta. A primeira representa o passado, a segunda o presente, a terceira o futuro e a quarta as influências positivas ou negativas que envolvem a pessoa.

As runas anglo-saxônicas usadas na prática da magia utilizam apenas 16 das 24 runas germânicas.

## As Runas (Adivinhação e Magia)

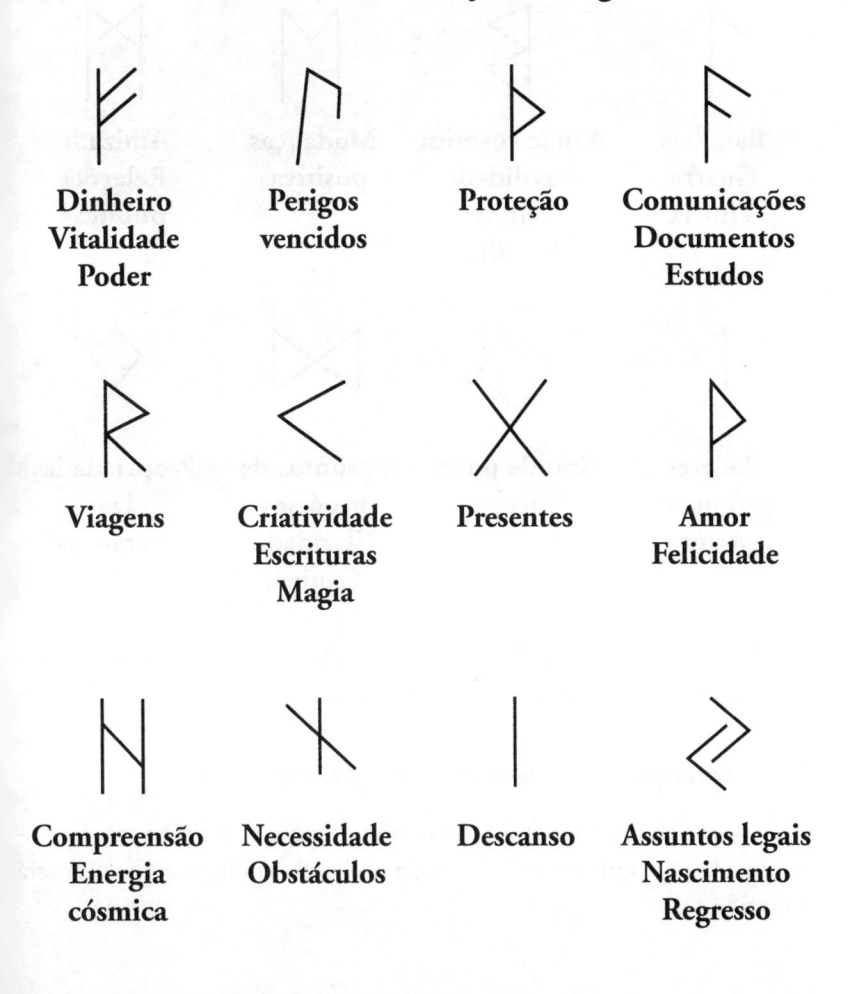

| | | | |
|---|---|---|---|
| **Dinheiro Vitalidade Poder** | **Perigos vencidos** | **Proteção** | **Comunicações Documentos Estudos** |
| **Viagens** | **Criatividade Escrituras Magia** | **Presentes** | **Amor Felicidade** |
| **Compreensão Energia cósmica** | **Necessidade Obstáculos** | **Descanso** | **Assuntos legais Nascimento Regresso** |

## As Runas (Adivinhação e Magia)

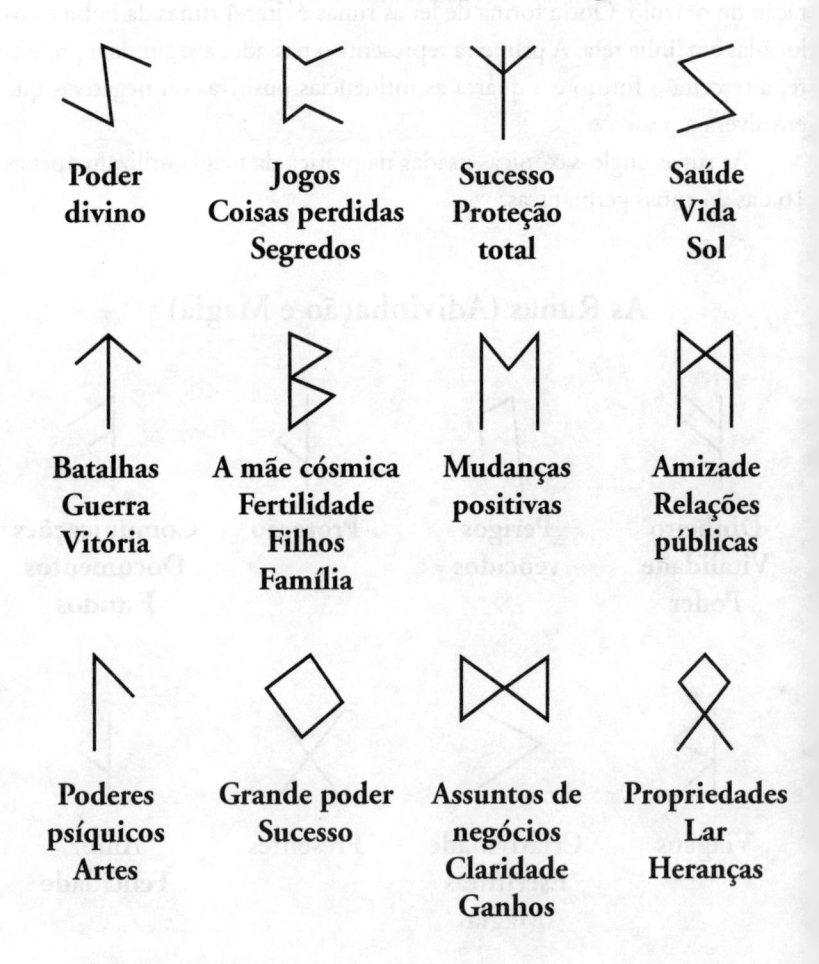

Vários são os usos das runas em rituais mágicos. Na seqüência, apresento algumas magias que os bruxos realizam com as runas.

## *Para conseguir o amor de uma pessoa*

Inscreve-se a runa que simboliza amor numa maçã e se oferece a maçã à pessoa amada para que a coma. Se esta a aceita e a come, o amor dela está garantido.

## Para enviar saúde a uma pessoa a distância

Inscreve-se a runa da saúde num pedaço de pergaminho virgem. Sobre a runa escreve-se o nome da pessoa doente. Queima-se o papel na chama de uma vela azul. As cinzas são jogadas pela janela para que o vento as leve.

## Para ganhar um processo judicial

Inscreve-se a runa numa pedra de hematita com um prego. Passa-se por incenso de louro, mirra e estoraque. Segura-se a runa na mão durante o julgamento.

## Para ganhar no jogo

Com água de dinheiro, inscreve-se a runa do jogo no dinheiro que se vai jogar. Prepara-se a água de dinheiro fervendo louro, camomila, cominho e canela. A runa ficará invisível, mas o seu poder energizará os bilhetes.

## Para conseguir empréstimo bancário

Desenha-se a runa do sucesso sobre os papéis de pedido de empréstimo com água de dinheiro, passando-os por incenso, mirra e cominho. Em seguida, preenchem-se os formulários entregando-os ao banco.

## Para proteger o ambiente

Escreve-se a runa que simboliza o ambiente num pedaço de tecido branco. Põe-se sobre o tecido hissopo, erva boa e açúcar, e amarra-se com uma fita branca. O saquinho é colocado perto da porta de entrada onde ninguém possa vê-lo ou tocá-lo.

## Para conceber um filho

Desenha-se a runa da fertilidade sobre o ventre da mulher com óleo da fertilidade. Esse óleo é preparado fervendo agárico, mandrágora, raiz Adão e Eva e verbena em óleo mineral. Faz-se isso todas as noites antes de dormir até conceber.

## Para conseguir dinheiro

Traça-se a runa do dinheiro com tinta azul numa nota de valor alto. Ungem-se os cantos com óleo de patchuli e gasta-se a nota imediatamente, pedindo que volte à pessoa multiplicada por mil.

## Para vencer uma batalha

Inscreve-se a runa da guerra numa vela vermelha, unta-se a vela com óleo de louro passando-a pelo incenso, mirra e tabonuco. Em seguida, acende-se a vela, deixando-a queimar totalmente, visualizando que a batalha foi vencida. Repete-se durante 7 noites seguidas, à meia-noite.

## Para proteção durante uma viagem

Desenha-se a runa da viagem com tinta amarela num papel de pergaminho. Põe-se o papel com uma pena num envelope enviando-o ao lugar de destino, a um endereço fictício.

## Para boa sorte em todo empreendimento

Inscreve-se a runa do amor em tinta vermelha num papel de pergaminho. Ao lado desenha-se a runa do sucesso em tinta azul, a runa do dinheiro com tinta verde e a runa da vida com tinta violeta. Passa-se o papel por incenso, mirra e canela. Em seguida, guarda-se o papel numa bolsinha azul com uma ágata, um quartzo rosa, uma pirita e um lápis-lazúli. Cada pedra representa uma das runas. Leva-se sempre a bolsinha num bolso ou na carteira.

Pode-se usar as runas de muitas formas, cabendo à pessoa decidir a maneira de fazê-lo. Uma vez conhecido o significado de cada uma, é possível criar uma infinidade de trabalhos mágicos com elas.

Até aqui, o tratado sobre a magia de Wicca, seus rituais, feitiços e segredos. O leitor está convidado a aplicar essas magias antigas para ajudar-se e proteger-se. Não é preciso ser bruxo para usar o grande poder e a antiga sabedoria contidos nestas páginas. Quero, porém, lembrar que toda magia age como um ímã e como um eco. Só use essas magias e rituais para benefício próprio. Se as usar contra outra pessoa, você receberá com toda a intensidade os efeitos da Lei do Três. Lembre-se da principal lei de Wicca:

*Podes fazer o que quiseres,*
*desde que não prejudiques ninguém.*

# EPÍLOGO

Como em todos os meus livros, a minha intenção ao escrever este foi informar o leitor sobre a prática da magia. Como expliquei em obras anteriores, a magia não é senão o poder mental aplicado conscientemente por uma pessoa para realizar mudanças em sua vida. Isto pode ser realizado de uma infinidade de formas, incluindo simplesmente a força de vontade de um indivíduo. Porém, como nem todos têm a firmeza e a determinação de alcançar os seus objetivos por si sós, a prática da chamada "magia" sempre foi e continua sendo uma das melhores maneiras de fortalecer a vontade e de dirigi-la sabiamente. Por sua antiguidade e grande beleza, as práticas da religião Wicca têm sido, através de milhares de anos, parte intrínseca da magia em todo o mundo. Hoje em dia existem conventículos de bruxos em todas as partes do globo, desde o Japão e a Rússia até a América Latina. Graças às nossas raízes celtas, herdadas da Espanha, a religião Wicca sempre exerceu forte atração em nossos países latino-americanos.

Na América Latina, a palavra bruxaria sempre teve uma conotação negativa, identificando-se de modo geral com a feitiçaria ou magia negra. Na realidade, porém, o verdadeiro bruxo raras vezes usa os seus conhecimentos para causar dano a alguém ou para ter poder sobre os demais. O bruxo considera Wicca como a sua religião, não como uma forma de controlar o meio ambiente. De fato, Wicca é essencialmente uma religião, tão vital e sagrada como outras religiões mundiais. Como toda religião, ela tem as suas divindades, a sua mitologia, credos, regras e mandamentos, os seus sacerdotes, dias sagrados, as suas práticas e a sua fé. Sua base fundamental é a natureza e todas as suas leis. Por isso, os praticantes de Wicca protegem todas as criaturas da natureza, que consideram como seus irmãos. O bruxo mantém uma contínua identificação com a flora, a fauna, as águas, os ventos e todos os fenômenos naturais. Sua crença total na alma das coisas lhe permite estabelecer contatos sutis de grande poder com tudo o que existe, e a natureza se inclina para ele para revelar-lhe os seus mais íntimos segredos. Por isso, o bruxo pode realizar atos de "magia" que parecem impossíveis para pessoas alheias a Wicca. Um bruxo ou bruxa bem desenvolvido pode parar a chuva ou fazer chover, pode levantar ventos ou amainá-los, ou executar outras ações mágicas igualmente surpreendentes. Devido à sua grande sensibilidade e espiritualidade, reconhece a existência de entidades invisíveis como fadas, gnomos, ondinas, silfos, salamandras, e outras mais, as quais existem em outros planos e dimensões. Essas criaturas possuem grandes poderes porque os planos astrais são a matriz do nosso mundo material e tudo o que acontece aqui tem que ser criado primeiro nos planos superiores. O bruxo sabe disso e através dos seus contatos com essas entidades astrais pode conseguir transformações extraordinárias em sua vida diária. Tudo isto é possível devido à sua fé em si mesmo e nos poderes da natureza. Qualquer outro ser humano pode conseguir o mesmo se lembrar que nada é impossível para aquele que crê.

O pior inimigo do ser humano é o materialismo. Quando uma pessoa só crê no que vêem seus olhos e nas aparências físicas do mundo que a rodeia, converte-se num escravo da matéria. Perde imediatamente o contato sublime com a verdadeira realidade que é o espírito e está cega e surda diante das maravilhas que a natureza nos oferece continuamente. Não pode perceber a linguagem dos animais e das plantas, não sabe que as pedras cantam e que as águas têm uma inteligência superior. Não sabe que as árvores e as plantas têm imensos tesouros à sua disposição e que cada folha é um poema ao Criador do universo. Esta é uma grande tragédia. Se a humanidade inteira se determinasse a conhecer e a amar a natureza, a buscar a Deus nas criaturas mais humildes, há muito tempo teríamos descoberto os segredos do universo e viveríamos em paz e harmonia como bons irmãos. Esta é a lição de Wicca. E se este livro ajudou o leitor a compreender parte dos seus grandes e profundos ensinamentos, sentir-me-ei plenamente recompensada.

# BIBLIOGRAFIA

Adler, M. *Bringing Down the Moon*. New York, 1980.

Buckland, R. *La verdad sobre la comunicación com los espíritus*. St Paul, MN, Llewellyn en Español, 1999.

_____. *Rituales prácticos com velas*. St Paul, MN, Llewellyn en Español, 2001.

_____. *Wicca, Prácticas y principios de la brujería*. St Paul, MN, Llewellyn en Español, 2001.

Cabot, L. and T. *Cowan, Power of the Witch*. New York, 1990.

Cohen, E. *Hechizos, filtros y conjuros eróticos*. Madrid, 1990.

Cunnigham, S. *¿Qué es la Wicca?* St Paul, MN, Llewellyn en Español, 2001.

_____. *La verdad sobre la brujería*. St Paul, MN, Llewellyn en Español, 1998.

_____. *La verdad sobre la magia de las hierbas*. St Paul, MN, Llewellyn en Español, 1998.

Farrar, S. *What Witches Do*. London, 1983.

Frost, G. and Y Frost. *The Witch's Bible*. Los Angeles, 1976.

Gardner, G. *Witchcraft Today*. London, 1954.

González-Wippler, M. *Amuletos y talismanes*. St Paul, MN, Llewellyn en Español, 2000.

\_\_\_\_\_. *El libro completo de magia, hechizos y ceremonias*. St Paul, MN, Llewellyn en Español, 2001.

\_\_\_\_\_. *La magia de las piedras y los cristales*. St Paul, MN, Llewellyn en Español, 1995.

\_\_\_\_\_. *La magia y tu*. St Paul, MN, Llewellyn en Español, 1995.

Grammary, A. *The Witch's Workbook*. New York, 1973.

Griggs, B. *The Green Witch's Herbal*. London, 1993.

Huebner, L. *Power Through Witchcraft*. New York, 1971.

Kunz, G.F. *The Curious Lore of Precious Stones*. Canada, 1941.

Lady Sheba. *The Grimoire of Lady Sheba*. St Paul, MN, Llewellyn Publications, 1972.

\_\_\_\_\_. *Witch*. St Paul, 1973.

Leek, S. *Cast Your Own Spell*. New York, 1970.

\_\_\_\_\_. *Diary of a Witch*. New York, 1968.

\_\_\_\_\_. *The Complete Art of Witchcraft*. New York, 1971.

Martello, L. *Witchcraft: The Old Religion*. Secaucus, 1973.

Morrison, S.L. *The Modern Witch's Spellbook*. New York, 1987.

Sanders, A. *The Alex Sanders Lectures*. New York, 1980.

Silbey, U. *The Complete Crystal Guidebook*. New York, 1987.

Slater, H. *A Book of Pagan Rituals*. York Beach, 1978.

Svensson, H. *The Runes*. New York, 1999.

Valiente, D. *Natural Magic*. London, 1975 .

\_\_\_\_\_. *An ABC of Witchcraft Past and Present*. New York, 1973.

Wedeck, H.E. ed. *Treasury of Witchcraft*. New York, 1961.

Worth, V. *The Crone's Book of Words*. St Paul, MN, Llewellyn Publications, 1994.